古代歷史文化 研究輯刊

二十編

王明蓀 主編

第 15 冊

中國傳統雷電自然知識變遷研究

雷中行 著

國家圖書館出版品預行編目資料

中國傳統雷電自然知識變遷研究／雷中行 著 — 初版 — 新北
市：花木蘭文化事業有限公司，2018〔民107〕
目 2+150 面；19×26 公分
（古代歷史文化研究輯刊 二十編；第 15 冊）
ISBN 978-986-485-547-6（精裝）
1. 自然科學 2. 自然現象 3. 中國
618   107011992

ISBN-978-986-485-547-6

9 789864 855476

古代歷史文化研究輯刊
二十編　第十五冊　　　　　　ISBN：978-986-485-547-6

中國傳統雷電自然知識變遷研究

作　　者　雷中行
主　　編　王明蓀
總 編 輯　杜潔祥
副總編輯　楊嘉樂
編　　輯　許郁翎、王筑　美術編輯　陳逸婷
出　　版　花木蘭文化事業有限公司
發 行 人　高小娟
聯絡地址　235 新北市中和區中安街七二號十三樓
　　　　　電話：02-2923-1455／傳眞：02-2923-1452
網　　址　http://www.huamulan.tw 信箱 hml810518@gmail.com
印　　刷　普羅文化出版廣告事業
初　　版　2018 年 9 月
全書字數　135098 字
定　　價　二十編 25 冊（精裝）台幣 66,000 元

中國傳統雷電自然知識變遷研究

雷中行 著

作者簡介

雷中行，臺灣清華大學歷史碩士，北京清華大學哲學博士。曾任臺灣吳鳳科技大學外聘講師、中國青年政治學院外聘講師和《旅讀中國》創業課程講師，教學生涯小十年未滿；創立臺灣玩坊有限公司、北京中博弈和文化發展有限公司和北京湖石科技有限公司，創業歲月大十年易逝。現於遊戲產業界任職，致力於打造遊戲和教育結合的教具產品。著有學術專書《明清的西學中源論爭議》和《中國傳統雷電自然知識變遷研究》，另有《天工開物》、《虛擬現實：創業者的執行力與想像力》和《翻滾吧，創業失敗俠！》等書陸續出版問世。

提　　要

　　本文試圖還原殷商至晚清之間，中國傳統雷電認知脈絡的變遷過程，並探究影響雷電認知更新，以及造成和阻礙雷電認知傳承的根源。筆者發現中國傳統的雷電認知經歷過四個時期的主要變化，分別是：殷商時期的自然神認知；周朝以降的自然規律認知；漢唐時期的傳統陰陽氣論認知；以及宋至晚清多元兼容的陰陽氣論認知。在上述的變遷過程當中，中國傳統的雷電認知具有兩個主要的特徵：一是不同人群的雷電認知是明顯不同，層次分明的；二是雷電認知的論述主體自上古以降有著從中原地區轉移到湘湖和嶺南區域的趨勢，同時逐步由一元走向多元論述並存。

　　在雷電認知的變遷脈絡中，方士、僧道、技術官僚和庶民是認知更新的主要因素，上述人群會將區域性的經驗與知識帶入傳統的雷電認知當中，而為傳統士人所記錄與論述。傳統士人本身則甚少創造新的認知，是傳統雷電認知的主要傳承者，藉由他們不斷地展開經書注疏與類書編纂的工作，經典論述得以為人持續地援引和形成穩定的傳統，陰陽氣論得以保持其強大的影響力，但源於傳統士人格物致知的原則，他們亦連帶地述及各種關於雷電的自然記錄，使得宋明以降的雷電認知趨於多元分立。

　　阻礙雷電認知傳承和知識更新的因素在於，傳統士人論述雷電認知時普遍缺乏具確定性的論述意識，轉而以不可知論來形成結論；問題意識呈現碎片化而無法有效集中，解決新的問題；同時書籍的流傳與保存亦受到現實環境的制約，新穎的雷電認知無法有效地為人傳承和擴大其影響性。這種情況遂導致傳統的雷電認知長時間以陰陽氣論為主體，兼容各色異源的雷電認知，最終形成十分穩定的知識結構，直到晚清的西方近代科學全面傳入之前，傳統的雷電認知難以被內部新穎的認知更新和取代。

目 次

第1章 緒　論

1.1　研究動機與目的

　　筆者長期關注傳統中國在西學東漸之際的自然知識〔註1〕研究，在閱讀諸多近人研究後開始感到困惑，若學界已然注意到西學東漸對傳統中學帶來的衝擊、變化及其影響，那麼，西學東漸之前的傳統中學在自然知識領域是處於何種狀態，又以何種內在邏輯更替著人們的自然認知呢？換句話說，傳統中國的自然知識是如何進行累積與演化，筆者長期探索此一答案，卻沒有獲得滿足。因此，本文將試圖回答此一問題。

　　在思考的過程中，什麼是傳統中國人獲取自然知識的實際途徑，也許是先於知識累積與演化，相對基本的問題，中國人之間的自然知識如何傳承則相對難以釐清。是以筆者認為，唯有先認識傳統中國人獲取自然知識的基礎，並探索長時段的記錄累積和演化的過程，才能形成更具說服力的解釋，以說明自然知識的演變問題。因此，本文試圖透過雷電，同時也是筆者天生的姓氏作為主要研究客體，藉此觀察傳統中國人認識自然的知識累積，及其發展轉變。筆者由衷期盼，本文能考察出若干中國傳統自然知識的長期發展軌跡，反映出中國自身知識體系的特殊性，描繪出相對於西方科學史脈絡，屬於中國本身的自然知識演變過程。

〔註1〕 自然知識（nature knowledge）是指時人對自然界（nature world）現象與背後原理的認識。徐光臺：《『自然知識儒學化』：通過自然知識在「格物窮理」中的地位來看朱熹與利瑪竇的歷史關連》，收錄於鍾彩鈞主編：《朱子學的開展：學術篇》（臺北：漢學研究中心），第 165～166 頁。

1.2 文獻回顧

本文受益於以下研究。首先是李約瑟《中國與西方的科學與社會》（1963）與黃克武《欽天監與太醫院——歷代的科學研究機構》（1983）的論文。李約瑟一文最早注意到中國人的自然知識和工藝技巧可能有層次之分的問題，他認爲可以分成五類：達官顯貴；平民；半奴役集體的人（匠戶）；國家奴隸，以及卑官小吏，他們之間對自然現象的把握與運用手段似乎有所不同。〔註2〕黃克武則勾勒出中國官署爲發展天文學與醫學所做出的影響，此文的一個重要主張與李約瑟類似，即是民間對科學技術的影響遠大於官署的作用，人們對相同自然現象的理解可能有著類似而不同的層次，然而黃克武分析得更爲精緻，並且開始探討自然知識的傳遞方式。上述兩位學者的觀點令筆者開始思考傳統中國的雷電認知是否有階層不同而認知亦不同的可能性〔註3〕

相對於以人和機構爲視角，李約瑟、戴念祖、郭靜雲與何天傑也轉以探討雷電本身與其衍生物，指出中國人在對雷電與雷神的概念上因時而有所變化。李約瑟最先探討《淮南子》、《論衡》和《夢溪筆談》中對雷電不同的記錄，試圖說明中國人對雷電的理解。〔註4〕戴念祖進一步在《我國古代對電的認識的發展》（1976）一文注意到中國人自殷商到明代，對雷電有過不同程度的描述，自《淮南子》，王充，陸佃到劉基，基本上是個逐步細緻的認識過程。同時，對於雷電成因的討論中，先秦到兩漢的古籍，也形成一套以物質元氣說，採用陰陽二氣爲基礎的解釋模式，而爲後代沿用。〔註5〕郭靜雲則改以文字學視角對雷電進行剖析，她在《從商周古文字思考「乾」、「坤」卦名

〔註2〕 李約瑟，《中國與西方的科學與社會（I−5）》，收錄於潘吉星主編，《李約瑟文集：李約瑟博士有關中國科學技術史的論文和演講集：1944～1984》（瀋陽：遼寧科學技術出版社，1986），第73～76頁。此文原是收錄在英國科學史家克魯姆比（A. C. Crombie）主編的《科學變革》（Scientific Change）一書（倫敦，1963）中的節略版。

〔註3〕 黃克武，《欽天監與太醫院——歷代的科學研究機構》，收錄於洪萬生主編，《中國文化新論・科技篇・物與成器》（臺北：聯經出版社，1983），第295～342頁。

〔註4〕 〔英〕李約瑟，《中國科學技術史》（香港：中華書局，1978），《雷電》，第745～753頁。

〔註5〕 戴念祖，《我國古代對電的認識的發展》，《物理》，1976，第5期，第281～282頁。另盧嘉錫主編；戴念祖分卷主編，《中國科學技術史・物理學卷》（北京：科學出版社，2001），第392～393頁，第398頁。由於後者亦是戴念祖主筆，其說法與1976年的觀點大同小異。

構字——兼論「⺘」字》（2011）一文中論及甲骨文中，⺘是電的本字，指雷電降雨等整個暴雨的現象；⺘則是雷的本字，在商周時期出現時多指地名和人名，其意原爲雷地上的神，不過因爲該神能召喚雷電暴雨，故從雷神的居地轉義爲雷聲。〔註6〕相對於上述三位針對雷電本身作探討，何天傑則是透過《雷州與雷神傳說考》（2002）一文回溯雷神傳說的歷史流變，他認爲雷神自遠古被創造爲自然威嚴的象徵後，隨著時代轉移，這種形象逐步庶民化與娛樂化。宋明文人的文學創造，以及明末西學東漸後，導致雷神信仰的日益衰退，傳說成分逐步在士人著作中退位，轉進入明清的通俗文學。〔註7〕借由上述學者們的啓發，筆者對傳統的雷電認知有了基本的認識，同時亦開始思索這些傳統認知在不同時期的相互關係。

在知識演變的過程中，經學注釋與類書是呈現長時段變化的重要記錄來源。經學注釋傳統上，汪耀楠首先在《古代注釋史初探》（1988）梳理中國的注釋學脈絡，注意到傳統士人透過著述經典的方式呈現自身的理解，間接形成不同學派在各時期的對抗，以及透過集注和正義產生各家注釋的融合和穩定存續。〔註8〕陳紱在《從注釋對原典的超越看語言與文化的關係》（1992）則進一步指出其內部邏輯，由於經學的注釋是用「語言來解釋語言」，因此不同時期的注釋家在詮釋經典時會自然受到其時代的文化制約，形成出具時代特色的解釋和對原典的超越。〔註9〕類書系統上，王正華注意到類書複雜的知識構成與關聯問題，可作爲知識分層現象的進一步表現。王正華《生活、知識與文化商品：晚明福建版「日用類書」與其書畫門》（2003）指出，晚明的日用型類書中，主流的潛在消費者是不具深厚學養的富裕中人，或是具備「功能識字能力」的專門技術人員。傳統位於識字人口頂端的士大夫階層無須購買此類廉價又粗淺的書籍，晚明下層民眾或受限於溫飽難顧，也無此文化消費能力。〔註10〕值得注意的是，汪耀楠與陳紱所描述的是位於頂層的傳

〔註6〕 郭靜雲，《從商周古文字思考「乾」、「坤」卦名構字——兼論「⺘」字》，《周易研究》，2011，第 2 期，第 21～23 頁。

〔註7〕 何天傑，《雷州與雷神傳說考》，《北方論叢》，2002，第 1 期，第 11～15 頁。

〔註8〕 汪耀楠，《古代注釋史初探（上）》，《文獻》第 3 期，1988，第 255～257 頁；汪耀楠，《古代注釋史初探（下）》，《文獻》第 4 期，1988，第 207～209 頁。

〔註9〕 陳紱，《從注釋對原典的超越看語言與文化的關係》，《古漢語研究》，1992，第 3 期，第 46～47 頁。

〔註10〕所謂具備「功能識字能力」的人群，是指一般人識字讀書非爲進取或成學，而是因應生活所需，因此許多人必須識字以學習一技之長，諸如大夫、算命

統士人的知識來源與吸收表述過程，是以這些被記錄在注釋傳統中的知識具有相對高的穩定性，較不受到時間推移的影響而被保存下來。相對而言，王正華的研究則以識字與消費能力作爲區分的三個文化消費區塊，士大夫以外的庶民階層也可以透過類書汲取自然知識，甚至有書商聘用專人爲庶民編纂切合他們實際應用的相關知識。這啓迪了筆者試圖從經學注釋傳統與類書傳統中耙梳歷代雷電認知的基本方法。

相對於經學注釋與類書，學派中的知識嬗遞呈現出另一種自然知識演變的圖像，明清之際自然知識一度形成學派，已爲吳裕賓與馮錦榮所注意。吳裕賓《清代揚州學者的數學研究》（1988）認爲清乾嘉後的揚州學派因爲地處繁華，當地士族多願提倡風雅，延攬人才，故促進當地士人的學術交流，和建立良好的師承關係。這些因素使揚州學派在整理中國數學傳統上卓具貢獻，一時蔚爲風行。〔註 11〕這顯示中國算學知識承襲的狀況清晰明確，與當地的經濟與風尚有關，揚州學派受惠於當時環境，士子間有著良好的師承關係。馮錦榮《明末清初方氏學派之成立及其主張》（1989）〔註 12〕也發現類似個案，他認爲以方以智（1611～1671）〔註 13〕爲首的學者形成明清之際桐城地區提倡實學風氣的主要學派。其主要代表人物爲除方以智外，尚有三位子嗣方中德、方中通和方中履；門人揭暄、游藝等人在方以智身故後推動天學的擴散。方以智之前，也有方以智的外祖父吳應賓、父親方孔炤；老師王宣、白俞、余揚等人；互通聲氣的友人，如黃道周及其弟子，熊明遇（1580～1650）〔註 14〕及其子嗣影響著方以智的學術關懷，進而形成方氏學

師、風水師、帳房先生、師公，甚至是婦女繡字花等。王正華：《生活、知識與文化商品：晚明福建版「日用類書」與其書畫門》，《中央研究院近代史研究所集刊》，第 11～13、24～25 頁。

〔註11〕 吳裕賓：《清代揚州學者的數學研究》，《自然辨證法通訊》，1988，第 10 卷第 2 期，第 59～60 頁。

〔註12〕 馮錦榮：《明末清初方氏學派之成立及其主張》，山田慶兒主編：《中國古代科學》，京都大學人文科學研究所，1989，第 141～154 頁。

〔註13〕 方以智，字密之，號曼公，南直隸桐城縣人，爲明末清初畫家、科學家和哲學家。以智曾隨父宦遊各地，後與西洋傳教士畢方濟與湯若望交往，並閱西洋之書。崇禎十三年（1640）進士，入南明永曆朝，除經筵講官。後唯自行參加抗清活動，失敗受押，自沉於江殉國。其在哲學和自然科學方面卓然有成，撰有《通雅》、《物理小識》、《藥地炮莊》、《東西均》、《醫學全通》等書。

〔註14〕 熊明遇，字良孺，號壇石山主人，南昌進賢人。萬曆二十九年（1601）進士，授長興縣知縣，四十三年擢兵科給事中，多所論劾，疏陳時弊，言極危切。

派。方氏學派之所以會成形，主要是成員有相同的學術傾向，即專注鑽研天學。〔註 15〕相較而言，吳裕賓對揚州學派學者之間的師承與互動關係描述較為簡單；馮錦榮則因為耶穌會士的書籍文獻之便，較為清晰地呈現出方以智從易學與道家經典為主的家學傳承，逐步演變為桐城地區講求實學與天學的學派演變過程。從上述兩位學者的研究，學派對於雷電認知傳承的持續力也引起筆者的注意。

上述研究分別為本文提供不同的線索，透露出雷電在歷史脈絡中影響其自然知識保存與演變的可能變因。然而對於承載雷電知識的不同種類文本、雷電的長時段知識變化，以及兩者的交互關係，則較少學者做出專論。筆者認為，由於接觸到的知識載體不同，時人接受與吸收知識也會有所不同，進而影響到對自然知識的認知與表述，並衍生出自然知識分化的現象。因此，筆者僅試以雷電作為案例，探究其在原典、經學注釋和類書之中的自然知識流變，從而討論傳統自然知識在長時段發展的若干特質。

1.3　問題意識

首先是雷電作為自然知識的長時段變化，筆者認為有下列問題。雷電現象被記錄於文本之中由來已久，然而不同時期的人如何認知其背後原理，則未被梳理。雷電知識在歷史時間如何演變，新的論述在產生之後是消失，抑或持續累積，直至清末民初的西方近代科學主導中國的知識界，此一過程亦一直模糊未明。透過閱讀，筆者認識到傳統中國人對雷電的理解並非固定而單一，反而是擁有不同知識來源與不同時期的認知變化。那麼，重要的問題就成為如何說明雷電自然知識的動態變化過程，以及追尋其變化的歷史原因。其中，雷電作為自然知識，有著明顯的宗教、文學和經驗色彩，此三者是否分別影響著時人對它的理解，進而產生明顯的自然知識分層現象，說明著不同階層，或是不同區域的人對雷電的理解可能並不一致？若是，其造成的實際影響分別為何？

其次，承載雷電知識的不同文本，亦有若干問題值得探究。若原典首先記錄著雷電知識的發現，或是不同於以往的論述，這些知識是如何為後人穩

坐東林事，再謫再起，累官至兵部尚書致仕。崇禎末年因病歸家，明亡後成為遺民。其著作《格致草》和《則草》，是兩部介紹西學的重要著作。
〔註 15〕馮錦榮：《明末清初方氏學派之成立及其主張》，第 141～154 頁。

定地保存而不至於消失？爲何有些關於雷電的記述，例如宋慈對於雷震死的論述，或是謝肇淛（1567～1624）〔註16〕對於雷有定所的觀察，皆難見於後人援引？顯而易見地，由於經學注釋傳統與類書傳統的社會影響層面深遠，是否雷電的自然知識進入到這兩個傳統之中，就獲得較爲穩定的知識載體，普遍且長久地爲人所接受和吸收？若是，經學注釋傳統與類書傳統在保存知識時是否有所不同，受眾是否有所不同？雷電知識在其中是否呈現出分歧與差異，進而產生不同的面貌？若是，這是否僅是一個理解程度上的差異，抑或是異質的知識來源？上述問題只有經過比對不同時期文本對於雷電知識的記錄，才得以浮現。

1.4 研究範圍、方法與步驟

本文的一手史料主要涵括三大類，分別爲經學注釋、歷代類書，以及被前兩者摘抄或闡釋的原始子學典籍和士人文集。由於經書是中國傳統士大夫必讀經典，歷久不衰，是以注、疏和正義等經學注釋亦爲廣泛的士大夫所閱讀記誦；歷代類書則是盛行於唐朝到清朝之間的資料彙編書籍，類書摘抄各家前人的典籍而匯成一書，以類相從，故爲類書。〔註17〕筆者與前人使用經學注釋和歷代類書的方式有本質上的差異，此二者在本文之中是以一手史料來呈現，藉以追蹤雷電的自然知識源流與變化，而非以二手史料的身份，作輔證史實之用。由於這兩類資料具有長時段的延續性和相當高的重複性，因此對筆者考察傳統中國對雷電自然知識的認知變化，進而追尋變化的原因、結果與意義，具有相當關鍵的價值。〔註18〕

〔註16〕謝肇淛，字在杭，福建長樂人，號武林、小草齋主人，晚號山水勞人。明萬曆二十年（1592）進士，官至廣西右布政使。入仕後，歷遊川、陝、兩湖、兩廣、江、浙各地所有名山大川，所至皆有吟詠，雄邁蒼涼，寫實抒情，爲當時閩派詩人的代表。曾與徐火勃重刻淳熙《三山志》，所著《五雜俎》爲明代一部有影響的博物學著作，《太姥山志》亦爲其所撰。臧勵龢等編：《中國人名大辭典》，第1683頁。

〔註17〕學界對於類書的定義與歸類並無統一標準，是以本文擬採用相對廣義的界定，凡書籍編寫方式以類相從，且內容涉及自然知識範疇者，皆屬於本文試圖考察的類書傳統。學界對類書的界定爭論與成果，夏南強：《類書通論——論類書的性質起源發展演變和影響》，武漢：華中師範大學博士學位論文，2001，第4～10頁。

〔註18〕「很少有人把它（類書）用作學術史或思想史的資料，其實，這種「鉅細畢

　　值得說明的是，類書作為一個流通性相對較強的文本，在傳遞自然知識上可能扮演著重要的角色。〔註 19〕就文字流通的角度觀之，經過歷代傳抄屢屢出現的文字透過閱讀與口傳等社會實踐，其所穿透的社會空間或許更為廣大。更何況，同樣內容的文字條目在不同的書籍出現時，自上下文，版面設計到流通狀況與閱讀情境皆相異，效用與意義也隨之變化，不能僅以重複無用視之，而忽略其出現形式與成文脈絡。換言之，類書即使重複轉載他書內容，也有其個別效用與意義，不能等同於原書。〔註 20〕此外，閱讀類書的潛在讀者群涵蓋：具備功能識字能力的庶民、技術人員，以及為書商聘用以編纂類書的基層士人。藉由大量的歷代類書為主體，與類書摘鈔的典籍文獻相互比對，有助於展現傳統中國在雷電自然知識上的不同認知與差異。

　　研究方法上，比較法會是本文賴以進行的基礎，針對不同時代的注疏與類書中，對於雷電認知的內容差別，比較法可以清晰地說明注疏與類書之間內容的相互關係，甚至，能說明兩者與原始典籍的相互關係，由此呈現出自然知識的脈絡變化，以及不同階層對個別自然知識的認知差異。特別需指出的是，本文所引述的典籍當中若以粗體小字者標出，是典籍中為後人增補的注疏；所引述的類書內容，引文以粗體標識者，皆為類書作者對前人典籍的摘抄引述，由此不同時代的文本記述的雷電認知得以逐層展現。次之，西方的自然史／博物學傳統，以及注釋傳統，在不同程度上也與中國的經學注疏與類書傳統部分相似，為考察中國的自然知識傳遞過程與機制，本文也會參考上述傳統，從而描繪出中國傳遞自然知識可能的圖像。最後科學史家愛德華・格蘭特（Edward Grant）強調的寬容原則則適合在本文中借鑒處理，在處理前人理解的自然知識描述時，盡可能將他們的論述視為真實，並試圖挖掘其認知脈絡，較為有益。筆者認為，得知中國與西方科學演進相類似之事

舉」而「不加篩選」的形式本身，就是省卻了主觀意圖，由本來面目直接陳列的資料陳列，而它特有的分類方式，也恰好顯現了當時人的心目中，對他們面前的那個世界的分類，而分類正是思想的秩序。」葛兆光撰：《中國思想史・第一卷，七世紀前中國的知識、思想與信仰》（上海：復旦大學出版社，1998），第 595 頁。

〔註 19〕類書與相關書籍的流通性，可以透過《書目答問補正》與《中國類書》兩書來進行瞭解。〔清〕張之洞；范希曾補正：《書目答問補正》（上海：上海古籍出版社，2004）；趙含坤：《中國類書》（石家莊：河北人民出版社，2005）。

〔註 20〕王正華，《生活、知識與文化商品：晚明福建版「日用類書」與其書畫門》，第 41～42 頁。

物，或是中國衍生出本身獨特的東西，往往是學界以往研究止步之處，流於片斷。然而若要獲得更深層次的成果，則必須試著將中國自有的知識演變過程連繫成一個脈絡，自然知識在變化之際才能呈現其特殊意義。適度地思考西方的自然史／博物學傳統，和注釋傳統的發展過程將有助於本文的探究，即是：中國自有的自然知識變化過程。

研究步驟上，筆者試圖在本文第二章探討先秦至明末，西學東漸尚未發生之際的中國傳統雷電認知變遷過程。筆者擬使用大量的經書與其注疏、類書和文人筆記來梳理此一脈絡，檢視在西學尚未進入中國之前，傳統的雷電認知是如何在殷商之際、周秦之際、漢唐以降，以及宋明時期展開演變，乃至於由相對集中的一元論述演化到日後的兼容並蓄。透過對上述幾種不同類型的史料掌握，以及其相互關係考察出傳統雷電認知流通的狀況，並從中檢視長時段中雷電認知經歷的內部變革是本章的重心。

第三章則是主要考察西學東漸之後，西學作爲強有力的異源知識體系與傳統中學的雷電認知發展出的相互關係。在明清鼎革之際，亞里士多德的自然哲學傳統透過耶穌會傳教士傳入中國，影響到第一代中國傳統士人，他們傳入的不同知識是如何逐漸地被內化爲傳統雷電認知的細緻補充，以及自強運動後的晚清時期，西學展現出益發強大的影響力後，傳統士人是如何透過相同的邏輯去嘗試融合中學與西學的不同之處，則是本章試圖釐清的重要問題。

在梳理出自古以降的傳統雷電認知脈絡後，如何合理地看待在雷電認知中折射出來的傳統自然知識的變化特質則是第四章探討的重點。筆者試圖分析傳統士人求學與著述的方法論、歸納雷電認知表述者的地域和身份，以及考察傳統士人在雷電論述中的若干特質來檢視藏匿在雷電認知背後的知識結構。筆者希望就雷電的自然知識變遷作爲案例，呈現出中國自然知識演變與發展的若干共性與差異，從而反映出中國自然的知識演變，有其別於西方科學發展的特殊性，描繪出中國自然知識演化的脈絡。

第 2 章　中國人對雷電的傳統認知過程

　　自中國上古以降，雷電作爲一種具神格意義的天象，逐漸演化至近代自然界的大氣現象，其變化過程歷時良久，且變化軌跡並不清晰。與其說其分水嶺爲明清鼎革之際的西學東漸，展現的是傳統士人接受近代西方科學的教化過程，不如說是一個長時段觀念緩慢變化的圖像。關於雷電的各種想法與概念在各地同時存在、相互衝突、拉扯與融合，甚至可以如是說，西方近代科學觀念在這段時間從未佔據過主導地位。因此，本章試圖還原這段思想轉化的歷史，致力於說明雷電現象在長時段中的思想複雜性，及其變化過程，連帶地闡釋中國傳統雷電概念與西方近代科學的相互關係。

　　時值今日，雷電被歸類在氣象學的領域，是地球大氣層中會發生的一種現象，[註1] 其成因爲雲層上部帶正電荷，雲層下部帶負電荷，因此地面便會感生大量的正電。由於雲層下部的電位要比地面低得多，所以帶負電的電子便會向地面加速，產生曲折前進的「先導閃雷」（step leader），這個過程會重複許多次，形成一條曲折的路徑。由於高速移動的電子會把空氣電離化，使這條路徑能夠導電。當「先導閃雷」接近地面時形成了很強的電場，使地面大量的正電荷上升，跟路徑中的負電中和，在放電的過程中釋放出巨大能量，這便是「回返閃擊」（returning stroke）。因爲「回返閃擊」比「先導閃雷」光亮許多，觀察者所看見的閃電多半是由地下向天空的放電過程，「回返閃擊」才是強光、熱能和巨響的源頭。同時，由於光速與音速不等，所以觀察

―――――――――――――――

〔註 1〕 〔英〕李約瑟撰，《中國科學技術史》（香港：中華書局，1978），第 702～703 頁。

者總是觀測到閃光後，才會聽到巨響，此種巨響就是雷聲。〔註2〕上述即是現代科學對雷電的認知。

2.1　先秦以降的雷電早期認識

上古時期的中國人顯然不會如此認知雷電，那麼，其對雷電的認知為何呢？甲骨文字裏顯示，電字最早的起源是「申」，是指雷電降雨等整個暴雨現象。中國上古的諸多神話也呈現出一個共同認知，暴雨即是天命的明證，昊天透過雷電、降雨來降下詔命或恩賜，是故雷電暴雨本身就是神靈的顯現，「申」字也有著神符的作用，從屬著「申」（申）字，神的古字。「申」字則是雷的本字，商周之際常出現於地名和人名，其後才轉為指「雷電」的雷，更晚才指涉雷公或雷神。「申」的早期概念應指聖地，天神常降靈之處，故上古的文獻常保留出神降居於雷澤的信仰。這使雷神的名號原本並非來源於天降雷電，而是居住於雷地的神，但是由於雷神能主宰雷電暴雨，故「雷」遂從雷神的居地轉化為雷聲。根據神話，人在雷澤可以聆聽到上天的旨意和聲音。〔註3〕

從文字的起源來看，殷商及更早的人是以自然神的想法來認知雷電，神靈降居於聖地，因此時有雷音，而電光伴隨著暴雨則是神靈降臨聖地的時刻。此時，尚不存在特定神靈專司雷電，雷電的存在更像是神靈本身的一部分，雷聲意味著神靈的話音，電光則是神靈蹤跡的部分呈現。然而進入周朝，人文色彩較濃的周人似乎有別於尊神尚鬼的商人，除了延續商人已有的概念之外，對雷電產生出另一種的想法。六經中的《易》如是記載道：

> 雷雨之動滿盈。〔註4〕
>
> 象曰：澤中有雷，隨君子以向，晦入宴息。〔註5〕
>
> 象曰：雷電噬嗑，先王以明罰勅法。〔註6〕

〔註2〕 張義軍等編撰，《閃電災害》（北京：氣象出版社，2009），第13～15頁。

〔註3〕 中國人對雷電的早期認知，郭靜雲已從文字學上做出若干探討。郭靜雲，《從商周古文字思考「乾」、「坤」卦名構字》，《周易研究》，2011，第2期，第21～23頁。

〔註4〕 〔清〕阮元校刻：《十三經注疏》（北京：中華書局，2009，據清嘉慶刊本），卷一，第28b頁（總頁34）。

〔註5〕 〔清〕阮元校刻：《十三經注疏》，卷三，第2a頁（總頁69）。

〔註6〕 〔清〕阮元校刻：《十三經注疏》，卷三，第11b～12a頁（總頁74）。

　　第一段為《易》記述作為自然現象的雷雨，其常致水面滿盈。第二段記述則延續著商人的自然神色彩，記述著雷澤為蘊藏自然規律所在，君子應隨行過夜以體察個中的自然規律。這裡已然可以看出周人逐漸遠離商人的自然神信仰，而逐漸以人為主體來闡述同一件事。最後一段則是說明雷電作為一種天象，聖人因循著其規則而制作令人敬畏的刑罰，告誡臣民尊崇法律。雖然在原始的文脈中，此段文字是說明防犯罪於未然之意，但是聖人考察天象，將其規律運用到人世間，則間接隱含了一種效法和學習之意。與商人不同，周人似乎認為天所展現的天象並非神靈，天象只體現事物的規律，聖人僅能效法，而不能與之交流。於是雷電作為一種天象，只是天地規律的一部分，殷商時期以前的自然神論色彩幾乎消失殆盡，以至於延續到周末春秋時期，可以在《管子‧七法》看到如下記述：

> 故兵者也，審於地晑，謀十官，日量積蓄，齊勇士，……有雷
> 電之戰，故能獨行而無敵矣。……雷電之戰者，士不齊也。〔註7〕

　　其概念仍與《易》十分接近，旨在說明軍隊以雷電之威勢，所向披靡。此說言簡意賅，極簡練地運用雷電震攝人心的效果來形容軍隊的壯盛，已然看不見與鬼神有所關聯之處。

　　稍晚的《呂氏春秋》〔註8〕沒有在此一概念上停留太久，它對雷電重新做出相當細緻的觀察。《呂氏春秋》如是記載：

> 是月也，日夜分，雷乃發聲，始電。〔註9〕

> 天斟萬物，聖人覽焉以觀其類。解在乎天地之所以形。雷電之
> 所以生。陰陽材物之精。人民禽獸之所安平。〔註10〕

〔註7〕 黎翔鳳撰：《管子校注》，卷二，《七法第六》，第 120 頁。《管子》為春秋（770 B.C～476 B.C.）齊國政治家、思想家管仲及管仲學派的言行事蹟。其發揚於戰國稷下學宮建立後，管仲學派與百家爭鳴交流，進一步完善了自己的學說體系。《管子》非一人一世之作。它是管仲學派學術成果的總結。至於依託成書之年代，應自春秋至戰國時期陸續附入。編為訂本 86 篇者則為西漢末劉向。徐漢昌，《管子思想研究》（臺北，學生書局，1990），第 31 頁。

〔註8〕 《呂氏春秋》成書於戰國（239 B.C.），是先秦時期重要的巨著，由秦國丞相呂不韋主持下，集合門客們編撰的一部黃老道家名著。以道家思想為主幹，融合各家學說。全書共分十二卷，一百六十篇，二十餘萬字。

〔註9〕 〔秦〕呂不韋；漢高誘注；畢沅輯校：《呂氏春秋》（北京，中華書局，1991，據經訓堂叢書本影印），第二卷，〈仲春紀第二〉，第 69 頁。

〔註10〕 〔秦〕呂不韋〔漢〕高誘注：《呂氏春秋》，第十三卷，〈有始覽第一〉，第 4a 頁（頁 311）。

仲春二月，日夜等分，天地開始作雷聲，隨後電光顯現，第一段論述中明確地記錄了時間與現象，說明著呂不韋門下的學士已然清楚掌握住更細緻的雷電發生規律。第二段論述則是說明著上天形塑萬物，聖人體察萬物而掌握天道，雷電產生之道亦若如是。這兩段論述顯示，呂不韋門下的學士是因循著《周易》的思想，從而進一步觀察出雷電在二月的發生規律，認識到雷電與春分的關係，逐步脫離了僅在感性層次上認知雷電，是自然認識上一次很精彩的跳躍。

西漢之初，透過陸賈（約 240 B.C.～170 B.C）與劉安（179 B.C.～122 B.C）等人對雷電的論述，已然可察覺到《易》與《呂氏春秋》影響深刻，且兩種不同觀點的論述逐漸開始融合。譬如陸賈〔註11〕於《新語》中說道：

> 傳曰：「天生萬物，以地養之，聖人成之。」功德參合，而道術生焉。故曰：張日月，列星辰，序四時，調陰陽，布氣治性，次置五行，春生夏長、秋收冬藏。陽生雷電，陰成雪霜，養育群生，一茂一亡。〔註12〕

陸賈是以解釋《易》為出發點，然而討論到雷電時卻已然採用陽氣來闡釋類似現象，受到《呂氏春秋》影響痕跡明顯。劉安命人撰寫的《淮南子》〔註13〕也說道：

> 是月也，日夜分，雷始發聲，蟄蟲咸動蘇。先雷三日，振鐸以令於兆民曰：雷且發聲。有不戒其容止者，生子不備，必有凶災。〔註14〕

〔註11〕 陸賈，漢族，漢初楚國人，西漢思想家、政治家、外交家。早年隨劉邦平定天下，因有辯才常出使諸侯。劉邦和文帝時，兩下南越，說服趙佗臣服漢朝，對安定漢初局勢做出極大的貢獻。呂后時，說和陳平、周勃同力誅呂。撰有《新語》，主張「行仁義，法先聖」，禮法結合，同時強調人無為而治，為西漢前期的統治思想奠立了一個基本模式，奠定西漢黃老政治之開端。臧勵龢等編：《中國人名大辭典》（臺灣商務印書館，1986），第 1122 頁。

〔註12〕 王利器：《新語校注》（北京：中華書局，2012）卷上，《道基第一》，第 1～3 頁。

〔註13〕 《淮南子》是西漢宗室劉安招致賓客，在他主持下編撰的。據《漢書‧藝文志》云：「淮南內二十一篇，外三十三篇」，顏師古注曰：「內篇論道，外篇雜說」，現今所存的有二十一篇，大概都是原說的內篇所遺。據高誘序言，「鴻」是廣大的意思，「烈」是光明的意思。作者認為此書包括了廣大而光明的通理。全書內容龐雜，它將道、陰陽、墨、法和一部分儒家思想糅合起來，但主要的宗旨傾向於道家。《漢書‧藝文志》則將它列入雜家。

〔註14〕 〔漢〕劉安，劉文典撰：《淮南鴻烈集解》（臺北：文史哲出版社，1993），卷第五，《時則訓》，第 162 頁。

其論述與《呂氏春秋》的口吻更爲近似，並且劉安門下的賓客已然知曉，雷電發生後蟄伏於地下的蟲子會隨之誕生和活動，顯示出他們掌握了更多與雷電相關的自然規律。然而有意思的是，劉安門下賓客額外記載一項原則，在雷電發生之際交合生育者，子女必定天生殘疾，是故雷電之時忌行房。爲此，官府應先於雷電發生三日前振鐸以提醒庶民警惕注意。這兩項敘述爲《易》和《呂氏春秋》中所無，似乎是長年流傳於民間的說法，被劉安的賓客們記載於雷電的諸種現象之一。

兩漢之際，《大戴禮記》〔註 15〕延續陰陽之說，然而由於陰陽五行之說在當時極其流行，因此不僅雷、電關乎陰陽之象，風、霧、雨、露、霜、雪、雹、霰等都從屬於陰陽交互的現象，爲人深入細究。《大戴禮記》如此記載道：

> 陰陽之氣各靜其所，則靜矣，偏則風，俱則雷，交則電，亂則霧，和則雨。陽氣勝則散爲雨露，陰氣勝則凝爲霜雪。陽之專氣爲雹，陰之專氣爲霰，霰、雹者，一氣之化也。〔註 16〕

雷聲是陰氣與陽氣聚集之下的產物，閃電是陰氣與陽氣交合彼此的結果，相較於《呂氏春秋》僅僅解釋二月雷聲始作，蟄蟲咸動穌，《大戴禮記》更深入地闡明雷電個別發生的先後順序，並且細緻地以陰陽氣爲基礎說明其中過程。起初陰陽二氣始於平靜，移動後產生風，兩者聚集在一處作雷聲，展開交合後始有電光，因此在氣的運動中，風先生成於雷，雷先生成於電。無論是順序與背後的生成原理，《大戴禮記》都給出清晰的解釋，這基本上成爲後世闡釋雷電原理的根基，標示著人們對雷電等自然現象的描述轉入以自然律來闡釋的方式。

然而弔詭的是，雖然《淮南子》和《大戴禮記》呈現出人們對雷電逐漸深入的認識，但在東漢王充（A.D 27～100？）〔註 17〕的《論衡》中，卻又可

〔註 15〕《大戴禮記》，亦名《大戴禮》、《大戴記》。前人據唐孔穎達《禮記正義序》所引鄭玄《六藝論》「戴德傳《記》八十五篇，則《大戴禮》是也」之語，多謂其書成於西漢末禮學家戴德（世稱大戴）之手。現代學者經過深入研究，推翻傳統之說，論定成書時間應在東漢中期。

〔註 16〕〔漢〕戴德；黃懷信主撰《大戴禮記匯校集注》（西安：三秦出版社，2005）〈大戴禮記〉，卷第五，《曾子天圓第五十八》，第 619 頁。

〔註 17〕王充，東漢思想家。所著《論衡》85 篇爲重要哲學著作，是爲抨擊以董仲舒爲首，揉合儒家與陰陽家思想爲一體的學術思想。臧勵龢等編：《中國人名大辭典》，第 87 頁。

發現王充對雷電的深刻認識，是伴隨著時人普遍且駁雜的認知。譬如他批評時人的三段常見的見解時說道：

> 《高祖本紀》言：「劉媼嘗息大澤之陂，夢與神遇。是時雷電晦
> 冥，太公往視，見蛟龍於上，已而有身，遂生高祖。其言神驗，文
> 又明著，世儒學者莫謂不然，如實論之，虛妄言也。」〔註18〕

世儒皆認爲，漢高祖劉邦的生母在湖畔過夜安息，在睡夢中與神相遇。是夜雷電交加，其父前往探視，發現蛟龍伏於其母身上，遂有身孕。這段記載因劉邦日後登上九五之尊，且事情又有明確記載，故被後世儒者認爲真確無疑。然而在前文中已述及，「𩇓」字意味居住於雷澤的神明，由此觀之，劉邦生母於雷澤巧遇神明，故其於雷電交加之際顯其蛟龍之形，與之交合，此類事蹟都吻合於上古文獻對雷電的記錄，更強化世人對此說的深信不疑。除此之外，時人還有另外兩種認識，也是王充認爲虛妄不實而將其記錄的：

> 盛夏之時，雷電迅疾，擊折樹木，壞敗室屋，時犯殺人。世俗以
> 爲「擊折樹木、壞敗室屋」者，天取龍；其犯殺人也，謂之陰過，飲
> 食人以不潔淨，天怒，擊而殺之。隆隆之聲，天怒之音，若人之呴
> 籲矣。世無愚智，莫謂不然。推人道以論之，虛妄之言也。〔註19〕

人們無論智愚咸認爲，盛夏之時雷電交加，以致於殺人壞屋是上天要捉拿龍歸於天。雷殺人是因爲上天厭惡此人以不潔之物供他人食用。雷聲爲天怒之音，恰似如人怒之時發出的吼聲。這些認知將雷電以人的好惡與行爲來類比，對雷電提出幾個接近人們經驗的解釋，早如《管子》已使用類似的方式闡釋雷電，因其直觀且易於理解，故自春秋流傳至今。同時，人們也認爲：

> 圖畫之工，圖雷之狀，累累如連鼓之形。又圖一人，若力士之
> 容，謂之雷公，使之左手引連鼓，右手推椎，若擊之狀。其意以爲：
> 雷聲隆隆者，連鼓相扣擊之意也；其魄然若敝裂者，椎所擊之聲也；
> 其殺人也，引連鼓、相椎，並擊之矣。世又信之，莫謂不然。如復
> 原之，虛妄之象也。〔註20〕

根據圖畫所繪，轟然的雷聲是由雷公引連鼓相撞擊而形成的聲音，霹靂

〔註18〕 〔漢〕王充；黃暉撰：《論衡校釋‧一》（北京：中華書局，1990），卷三，〈奇
怪篇〉，第158～159頁。

〔註19〕 〔漢〕王充；黃暉撰：《論衡校釋‧一》，卷六，〈雷虛篇〉，第294頁。

〔註20〕 〔漢〕王充；黃暉撰：《論衡校釋‧一》，卷六，〈雷虛篇〉，第303～304頁。

的爆響則是雷公持椎擊鼓的響聲，當雷擊殺人時則是兩者一起作用的結果。世人因其對雷聲的解釋相符而又信不疑。上述的三種見解皆是王充認為虛妄，擬作辯駁的觀點，然而正因如此，這些對雷電的主流認知才如實地被記錄下來，顯示出時人認知的駁雜且觀點並存不悖。

王充的觀點與上述皆不同，他先以《禮》對酒器的記錄加以類比來展開辯駁。他說道：

> 《禮》曰：「刻尊為雷之形，一出一入，一屈一伸，為相校軫則鳴。」校軫之狀，鬱律崛壘之類也，此象類之矣。氣相校軫分裂，則隆隆之聲，校軫之音也；魄然若襞裂者，氣射之聲也。氣射中人，人則死矣。實說雷者，太陽之激氣也。何以明之？正月陽動，故正月始雷。五月陽盛，故五月雷迅。秋冬陽衰，故秋冬雷潛。〔註21〕

將酒杯刻以雷形，陰陽凹蝕且纏繞彎曲則酒器就像會鳴叫一般。他據此闡釋，陰陽鬱結之形與此類似，氣質纏繞彎曲之聲則為轟轟雷聲，霹靂的爆響則為氣質極度糾纏後分裂的激射之音。並且雷為陽氣之激氣，因為雷聲於正月顯，五月迅猛，至秋多則潛伏而衰歇，與陽氣消長趨勢吻合。王充的此一推論極有見地，注意到陽氣的盛衰與雷電顯現和蟄伏暗合，因此作為雷電為太陽激氣的證據之一。與此同時，他又以冶金時以水澆火爐的經驗來類比。他說道：

> 試以一斗水灌冶鑄之火，氣激襞裂，若雷之音矣。或近之，必灼人體。天地為爐，大矣，陽氣為火，猛矣；雲雨為水，多矣，分爭激射，安得不迅？中傷人身，安得不死？當冶工之消鐵也，以土為形，燥則鐵下，不則躍溢而射。射中人身，則皮膚灼剝。陽氣之熱，非直消鐵之烈也；陰氣激之，非直土泥之濕也；陽氣中人，非直灼剝之痛也。〔註22〕

以水澆猛火，氣質劈帕作響宛如雷聲，若濺射人體必會灼傷。倘若此理為真，天地為一大爐，陽氣為猛火，雲雨為水氣，則效果百倍於火爐，激射距離亦遠，射中人體如何不死呢？王充的此一類推亦極具說服性，以冶金的過程來比擬，將天地與水氣視為類似龐大的冶金流程，以此解釋雷聲與雷擊則與人們的經驗十分吻合。不僅於此，他又再加以論證說道：

〔註21〕〔漢〕王充；黃暉撰：《論衡校釋‧一》，卷六，〈雷虛篇〉，第305～307頁。
〔註22〕〔漢〕王充；黃暉撰：《論衡校釋‧一》，卷六，〈雷虛篇〉，第307～308頁。

何以驗之，雷者火也？以人中雷而死，即詢其身，中頭則鬚髮燒焦，中身則皮膚灼爛，臨其屍上聞火氣。一驗也。道術之家，以為雷燒石，色赤，投於井中，石燋井寒，激聲大鳴，若雷之狀。二驗也。人傷於寒，寒氣入腹，腹中素溫，溫寒分爭，激氣雷鳴。三驗也。當雷之時，電光時見大若火之耀。四驗也。當雷之擊時，或燔人室屋，及地草木。五驗也。夫論雷之為火有五驗，言雷為天怒無一效。然則雷為天怒，虛妄之言。〔註23〕

如何檢驗雷電為火的這個猜想，王充提出了五種考察方法。從雷電遺留的證據來說，被雷殛而死的人，鬚鬢燒焦且皮膚有燒傷痕跡，屍體上有燒灼的氣味。另外，方士模倣雷霆會加燒熱的石頭丟下水井，水聲激蕩，宛若轟雷。同理也見於人體的發燒，肚子內熱外冷，也會鳴叫。從直接觀察雷電的角度來說，雷光在視覺上類似火光，且雷殛時，地面上的住房與草木可能會起火。這些都說明雷為陽氣，與火相同，而雷為天怒則完全沒有合理根據，因此受到王充的駁斥。

王充在《論衡》中對雷電的見解極為細緻，漢代以前並沒有出現過，這與王充遊學洛陽博覽群書，通曉經學與子學的背景有所關連。因此他並不接受傳統以降的雷澤與神祇的觀念，也拒斥了庶民間雷公與蛟龍，抑或天怒之說，他更接納的是自呂氏春秋以降而進入經書系統之中的陰陽氣論，只是更細緻地，他採用了子書與雜家之言來充實對雷電的認知。可惜的是，王充的論述並沒有造成很強的影響力，進而成為後人的雷電認知基礎。譬如稍晚的經學家高誘〔註24〕在為《呂氏春秋》和《淮南子》作注釋時就沒有運用王充的認識，而是回歸到主流的陰陽氣論的抽象解釋上，不再更細緻地辨析雷電與陽氣和火的關係。他注釋道：

是月也，日夜分，雷乃發聲，始電。分，等。晝夜鈞也。冬陰閉固，陽伏於下。是月陽升，雷始發聲，震氣為雷，激氣為電。〔註25〕

〔註23〕〔漢〕王充；黃暉撰：《論衡校釋‧一》，卷六，〈雷虛篇〉，第309頁。

〔註24〕高誘，東漢涿郡涿（今河北涿縣）人。少受學於同縣盧植。建安十年（公元205年）任司空掾，旋任東郡濮陽（今屬河北）令，後遷監河東。所著有《孟子章句》（今佚）、《孝經注》（今佚）、《戰國策注》（今殘）及《淮南子注》（今與許慎注相雜）、《呂氏春秋注》等。

〔註25〕〔秦〕呂不韋；漢高誘注；畢沅輯校：《呂氏春秋》，第二卷，〈仲春紀第二〉，第69頁。

　　借著《呂氏春秋》的認識基礎，高誘闡釋說，冬季使陰氣封閉塞固，陽氣潛伏於地下，然而時值二月陽氣躍升，故有雷聲。震動的氣形成雷響，猛烈激蕩的氣形成電光。高誘意識到在春分之前，晝夜並不均等，其時陰氣塞固使陽氣沉於地下，但是春分到來令陽氣陞於地面，在震氣與激氣顯現之後，產生雷電，進而達到晝夜均等。這段敘述中十分巧妙地運用陰陽氣論來闡釋雷電的自然規律，並連帶地說明其與春分的關係，清楚顯示雷電作為自然規律，與陰陽氣論已開始高度融合。〔註 26〕東晉時范寧為《穀梁傳》〔註 27〕注述，以及北周時盧辯〔註 28〕注釋《大戴禮記》亦然，並未納入王充過人的見解，范寧說道：

> （范宵注）劉向云：雷未可以出，電未可以見。雷電既以出見，則雪不當復降，皆失節也。雷、電，陽也。雨、雪，陰也。雷出非其時者，是陽不能閉陰，陰氣縱逸而將為害也。〔註29〕

〔註26〕類似的論述也出現在《呂氏春秋》和的《淮南子》其他處。例如「天斟萬物，聖人覽焉以觀其類。天斟輸萬物。聖人總覽以知人也。解在乎天地之所以形。天地之利始成形也。雷電之所以生。震氣為雷，激氣為電，始生時也。陰陽材物之精。陰陽皆由天地，陰陽例萬物也。人民禽獸之所安平。人民、禽獸動作萬物皆由天地陰陽以生，各得其所樂，故曰之所安平也。」〔秦〕呂不韋〔漢〕高誘注，：《呂氏春秋》，第十三卷，《有始覽第一》，第 4a 頁（頁 311）；「是月也，日夜分，雷始發聲，蟄蟲咸動蘇。分，等也。冬陰閉固，雷伏不發。是月陽升，雷始發聲也。咸，皆。動蘇，生也。先雷三日，振鐸以令於兆民曰：雷且發聲，鐸，木鈴也。金口木舌為鐸，所以振告萬民也。兆，大數。且，猶將也。有不戒其容止者，生子不備，必有凶災。以雷電合房室者，生子必有喑聾、通精、癡狂之疾，故曰不備必有凶災也。」〔漢〕劉安，劉文典撰：《淮南鴻烈集解》，卷第五，《時則訓》，第 162 頁。

〔註27〕穀梁傳是《穀梁春秋》的簡稱，它是一部對《春秋》的注解。傳說孔子的弟子子夏將這部書的內容口頭傳給穀梁赤，穀梁赤將它寫成書記錄下來，但實際上這部書的口頭傳說雖然早已有了，但其成書時間是在漢朝。穀梁傳的書寫方式是問答式，用這個方式來注解《春秋》，它是研究儒家從戰國時期到漢朝的演變的重要文獻。其作者相傳是子夏的弟子，戰國時魯人穀梁赤（赤或作喜、嘉、俶、寘）。起初也為口頭傳授，至西漢時才成書。晉人范撰《春秋穀梁傳集解》，唐朝楊士勳作《春秋穀梁傳疏》，清朝鍾文烝所撰《穀梁補注》為清代學者注解《穀梁傳》的較好注本。

〔註28〕盧辯，字景宣，生卒年不詳，約生活在北魏至北周之際，幽州范陽郡人。官至大將軍，沈國公。參方向東撰：《大戴禮記匯校集解》（北京：中華書局，2008），第 6 頁。

〔註29〕〔晉〕范宵注：《春秋穀梁傳》（收錄於〔漢〕鄭玄：《十三經古注》，上海：中華書局，2014，據永懷堂本校刊），卷二，《隱公第一》，第 177 頁。

顯然地，相對於王充繁複的辯駁與論證，范寧仍採用了西漢時劉向的見解，作為注述根據。〔註 30〕范寧如此選擇有其道理，劉向與王充的基本論點一致，皆是採用陰陽交互來闡釋雷電現象。在漢朝，劉向遠比王充聞名，同時對於范寧的注釋工作，選擇簡潔精練且同樣正確的立論，有利於精練篇幅。這些取向似乎導致王充的論述在相當長期鮮為人採納，甚至庶民間的雷電認知流傳依舊，並不因為王充辯駁的合理性而有所增減。同樣的思路，盧辯於《大戴禮記》如此記載道：

> 陰陽之氣各靜其所，則靜矣，偏則風，謂氣勝負。俱則雷，交則電，自仲春至仲秋，陰陽交泰，故雷電也。亂則霧，和則雨。偏則風，而和則雨，此謂一時之氣也。至若春多雨則時所宜也。陽氣勝則散為雨露，陰氣勝則凝為霜雪。陽之專氣為電，陰之專氣為霰，霰、電者，一氣之化也。陽氣在雨，溫暖如陽，陰氣薄之不相入，轉而為電。陰氣在雨，凝滯為雪，陽氣薄之大不相入，散而為霰。故《春秋穀梁》曰：「電者，陰脅陽之象；霰者，陽脅陰之符也。」〔註 31〕

不僅闡釋雷電本身，盧辯更連帶地使用相同的陰陽機制來闡釋霧、雨、露、霜、雪、電、霰等七種事物。陰陽兩氣凌亂則產生霧，調合後始降雨。在有雨氣時，陽氣勢勝則雨氣散為細雨與露氣，陰氣勢勝則雨氣凝結為冰霜與雪花，這解釋了天明之際產生的朝露，以及秋天轉入冬天時形成的雪花，都是雨氣受陰陽氣作用的變化。然而盧辯並不止步於此，他以更細緻的機理說明電霰。在形成雨露時，由於陽氣強烈而陰氣無法混入其中，故陰氣單獨直接轉為電；在形成霜雪時，相反的狀況使陽氣單獨轉化為霰。由於是單獨的陰氣或陽氣直接形成，以其純粹故凝結為冰。從殷商時期的自然神論到周朝的自然規律觀念，再至漢代以降經學家運用陰陽氣論為雷電認知基礎，似乎從而可以觀察到上古以降，知識階層對於雷電認知的流變和融合，同時藉由王充駁斥世俗的天怒、雷公擊錐等認知，也可以間接觀察到知識階層與庶民階層在認知上的分離。

〔註 30〕 相同的見解亦見於何休《春秋公羊傳注疏》。「震、雷、電者，陽氣也。有聲名曰雷，無聲名曰電。」〔漢〕何休：《春秋公羊傳注疏》（收錄入〔清〕阮元校刻：《十三經注疏・五》，北京：中華書局，2009，據清嘉慶刊本，卷三，隱公九年，第 14a 頁（總頁 4797）。

〔註 31〕 〔漢〕戴德；黃懷信主撰《大戴禮記匯校集注》，《大戴禮記》，卷第五，《曾子天圓第五十八》，第 619 頁。

2.2　唐宋以降的雷電認知重構

　　由於造紙術的普及與撰寫類書風氣的興起，唐人對於雷電的主流認知顯然來自於歷代典籍與士人著作，然而類書中對雷電的闡釋僅是爲搜集詞藻而起輔助說明的用途，類書作者的眞實認知是隱晦不詳的，但是藉由分析其引用的順序，則有助於瞭解類書作者對不同引用來源的重視程度，進而掌握其認知構成。〔註 32〕

　　歐陽詢（557～641）〔註 33〕的《藝文類聚》開風氣之先，對雷電有若干記述，雖然其撰述動機應是摘抄前人詞藻文句以供人運用，但由於他先羅列大量闡釋在前，使本文窺知唐初時人的雷電認知成爲可能。譬如他說：

> 　　《易》曰：鼓之以雷霆，潤之以風雨。又曰：震爲雷，動萬物者，莫疾於雷。《禮記》曰：仲春之月，日夜分，雷乃發聲；仲秋之月，雷乃收聲。……《淮南子》曰：陰陽相薄，感而爲雷。……《物理論》曰：積風成雷。《易》曰：雷風相薄。……《河圖・帝紀通》曰：雷，天地之鼓也。又曰：黃帝以雷精起。……《論衡》曰：圖畫之功《初學記》一，《太平預覽》十三作工。圖雷之狀，畾畾如連鼓形。
>
> 　　又圖一人若力士，謂之雷公，使之左手引連鼓，右手椎之。〔註 34〕

　　雷的本質是什麼，歐陽詢並沒有給出明確的判斷，但是他摘錄了《易》、《禮記》、《淮南子》、《物理論》、《河圖》與《論衡》的諸種說法，給予雷電一個大致的圖像，這說明了他對雷電的主要認知來源是透過古代典籍的闡釋。首先，雷是一種急促的震動與聲音，春起秋落，他將此說列爲首要，似乎成爲他最明確的認知。其後對於雷的形成原因，他兼列出三種不同的解釋，

〔註 32〕　「很少有人把它（類書）用作學術史或思想史的資料，其實，這種「鉅細畢舉」而「不加篩選」的形式本身，就是省卻了主觀意圖，由本來面目直接陳列的資料陳列，而它特有的分類方式，也恰好顯現了當時人的心目中，對他們面前的那個世界的分類，而分類正是思想的秩序。」葛兆光撰，《中國思想史・第一卷，七世紀前中國的知識、思想與信仰》，第 595 頁。

〔註 33〕　歐陽詢，潭州臨湘人，字信本，楷書四大家之一。自幼聰敏勤學，涉獵經史，博聞強記，隋朝時，歐陽詢曾官至太常博士，後因與李淵交好，累遷至銀青光祿大夫、給事中、太子率更令、弘文館學士，封渤海縣男。與裴矩、陳叔達等主編《藝文類聚》第 100 卷。臧勵龢等編：《中國人名大辭典》，第 1511 頁。

〔註 34〕　〔唐〕歐陽詢撰；汪紹楹校：《藝文類聚》（上海：上海古籍，1982），卷二，《天部下》，《雷》，第 34 頁。

分別是陰氣與陽氣相迫近而形成雷；風的積聚產生雷；以及雷公椎擊天地之鼓而形成雷。歐陽詢顯然沒有意圖判別其中眞僞，又因其文藻華美故兼而錄之，然而《易》和《禮記》作爲開頭的引述，《河圖》與《論衡》作爲不同闡釋的補充說明，似乎說明著歐陽詢引用說法的價值判斷，以經學爲基礎而以諸子爲輔助。接著他開始記述雷的衍生事物，譬如涉及人的故事，他說道：

> 雷於天地爲長子，以其萬物爲出入也。雷二月出地百八十日，雷出則萬物出；八月入地百八十日，雷入則萬物入。入則除害，出則興利，人君之象。本條《初學記》一引於郎顗上書下；《北堂書鈔》一百五十二；《太平御覽》十三作洪範五行傳。此脱書名。……《續搜神記》曰：義興人姓周，永和中，出都。日暮，道邊有一新草小屋，有一女出門，望見周，曰：日已暮。周求寄宿。向一更中，聞外有一小兒喚阿香：官喚汝推雷車，女子乃辭去。明朝視宿處，乃見一新冢。《爾雅》曰：疾雷謂之霆。《穀梁傳》曰：陰陽相薄，感而爲雷，激而爲霆。《五經通義》曰：震與霆，皆霹靂也。《公羊》注曰：雷疾而甚者爲震，震與霆皆謂霹靂也。雷謂電之先。《初學記》一作電謂之雷光也。〔註35〕
>
> 《易》曰：離爲電。……《月令》曰：仲春始電。……《莊子》曰：陰氣伏於黃泉，陽氣上通於天，陰陽分爭故爲電。玉女投壺，天爲之笑，故爲電。……《淮南子》曰：電以爲鞭策電，激氣也。〔註36〕

似乎是爲了解釋雷電春起秋落的現象，歐陽詢記述了後漢郎顗〔註37〕的一個說法，筆者在下文另有述及，此處不贅。雷是天地長子，半年出地而萬物生，半年入地而災害隱，類似君主有序統治世間的現象。歐陽詢本人並不確定這段敘述的出處，然而這個說法有力地支撐了雷電春起秋落的原因，雷作爲萬物之首，率先於多末覺醒，萬物遂依序覺醒而出現於大地，帶有明顯的自然神論色彩。其後他又從《續搜神記》〔註38〕中轉錄阿香推雷車的另一

〔註35〕〔唐〕歐陽詢撰；汪紹楹校：《藝文類聚》，卷二，《天部下》，《雷》，第35頁。

〔註36〕〔唐〕歐陽詢撰；汪紹楹校：《藝文類聚》，卷二，《天部下》，《電》，第36頁。

〔註37〕郎顗，東漢經學家、占候家，字雅光，北海安丘人。推陰陽言災異的重要人物之一。通曉京房易學，善風角星算，並精通群經。順帝徵之，占災異，顗便引《周易》經傳文陳述便宜七事，授郎中，後爲孫禮所殺。

〔註38〕《續搜神記》是《搜神記》的續書，又名《搜神後記》。題爲東晉陶潛（365～427）撰。所記有元嘉十四年（437年）、十六年（439年）事，眞僞不可待辯。皆陶潛死後事，故疑此書爲僞託，或以爲經後人增益。

故事。漢順帝永和年間（136〜141 A.D.），周姓人士借宿於野外，半夜裏聽聞旁人叫喚女子阿香前往推雷車，隔日早晨發覺其夜宿處乃一個新墳。這兩段皆是與雷相關而流傳民間的傳說故事，以其文藻華美而爲歐陽詢一併錄之。

　　最後，歐陽詢也順帶地羅列出古書對雷與霆，以及雷與電的關係。從大致的輪廓來看，歐陽詢較爲認可的說法是，猛烈急促的雷聲謂之霆，雷與霆與震皆是霹靂。電則陷入更複雜的說法，譬如電與火是相同的，且先產生雷後衍生電；或是陰氣與陽氣在移動時分爭而形成閃電；又或是天開而爲之笑是謂電等。歐陽詢的記述雖然無法窺視其對雷電的明確認知，但是卻同時反映著以往人們對於電的不同說法各自存在，沒有出現具統治性的認知。〔註39〕

　　無獨有偶，徐堅（659〜729）〔註40〕撰寫《初學記》的著作動機與歐陽詢類似，但是他更有條理地闡釋了對雷電的認知，儘管其本人的眞實認知仍是無法顯現。他如是描述著：

> 《穀梁傳》云：陰陽相薄，感而爲雷，激而爲霆。霆，電也。《爾雅》云：疾雷謂之霆。何休注《公羊》云：雷疾甚者爲震。案《五經通義》云：震與霆皆霹靂也。電謂之雷光也。後漢郎顯上書云：凡藏冰以時，則雷出不震；棄冰不用，則雷不發而震。雷於天地爲長子，以其首長萬物，與其出入也。雷二月出地，百八十三日雷出則萬物出；八月入地，百八十三日雷入則萬物入。入能除害，出則

〔註39〕白居易的《白孔六帖》也記載了涉及雷電的詩文，然而參照《藝文類聚》，兩書的內容幾乎完全重迭，是以不另行論述。「（白）震爲雷，雷以動之，雷雨作解《易》。……疾雷謂之霆《雅》。二月出地，八月入地雷出萬物出，雷入萬物入。天地之鼓《抱朴子》云：雷者，天地之鼓。……畫王充《論衡》曰：畫雷之狀如連鼓，右手推之。……積風楊泉《物理論》曰：積風成雷。……推雷車《續搜神記》云：義興人姓周，永和中出都，日暮道邊有一新草小屋，一女子出門望見周曰：日已暮。周求寄宿。向一更中聞外有一小兒喚阿香：官喚汝推雷車，女乃辭去。明朝視宿處乃一新冢耳。……霹靂雷不發而震震，霹靂也。藏冰不時則雷不發而震。雷激爲霆《穀梁傳》曰：陰陽相感，薄而爲雷，激而爲霆。……電離爲電，仲春始電《月令》。……投壺之笑玉女投壺，天爲之笑而電。……陰陽分爭《莊子》：陰氣伏重泉，陽氣上通於天，陰陽分爭故爲電。鞭策《淮南子》：雷激氣也，以爲鞭策。」見〔唐〕白居易撰；〔宋〕孔傳續撰：《白孔六帖》，收錄於〔清〕高宗御製，《欽定四庫全書》，臺北，臺灣商務，1978，第891冊，《子部》，《白孔六帖》，《雷》，第21b〜23a頁（總頁891-31，891-32）。
〔註40〕徐堅，字符固。徐孝德之孫，唐太宗徐賢妃、唐高宗徐婕妤的侄子。後舉進士，任學士，與徐彥伯、劉知幾、張說同修《三教珠英》、《初學記》。

興利，人君象。《易》曰：雷出地奮豫。雷者，所以開發萌芽，辟除
災害，萬物須雷而解，資雨而潤，故《經》曰：雷以動之，雨以潤
之，王者從春令，則雷應節，否則發動於冬，當出反潛。《易傳》曰：
當雷不雷，陽德弱也。《抱朴子》云：雷，天之鼓也。雷神曰雷公。
〔註41〕

　　從《穀梁傳》、《爾雅》、《公羊》和《五經通義》四書構成的描述中，陰
氣與陽氣相互迫近而導致的有三種事物，第一種是雷，指的是天空中的巨響，
是程度最低而產生的東西；第二種是霆，又叫作電，是指雷光，是程度較激
烈的衍生物；第三種是震，是指急促的雷聲，是程度最激烈的東西。那麼，
雷、霆和震是同一種事物，還是三種不同的事物呢？徐堅以《五經通義》爲
案語，似乎正是爲了給出解釋，震與霆都屬於霹靂，是急而響的雷聲，而電
是雷的光芒。因此，筆者認爲，《初學記》描述的圖像是，霆與震都是雷的不
同型態的表現，霹靂是雷所發的聲音，而雷本身則是陰氣與陽氣相互迫近的
產物。徐堅似乎認爲此一解釋最爲合理，是以將它擺於段落之首。此外，從
立論的結構上來說，徐堅立論的基礎是《穀梁傳》、《爾雅》和《公羊》等三
經，其後才附上案語展開說明，立論的基礎是《五經通義》、《易》、《易傳》
和《抱朴子》等書，以五經爲首位而以群書做旁證，這也意味著徐堅在撰述
態度的起點上與歐陽詢有一個相同處，即是徐堅在搜集歷代書籍的詞藻以供
時人作文運用，在解釋事實上同樣遵守著經學傳統，以說明雷電現象。

　　儘管徐堅認爲雷的生成先於閃電，但他似乎無意分析雷與閃電的速度問
題，反而，他在後文引述了郎顗的說法，提供了解釋雷的另一種圖像。他亦
認爲雷是天地的長子，於二月先萬物而生成出地，使萬物出而興利，半年後
於八月入地，使百害消除。徐堅對此的闡釋較歐陽詢更爲明確。他首先在《後
漢書》找到了郎顗的原始論述。〔註42〕其次，他又在郎顗的論述後以《易》
爲其根據，認爲雷由地出，爲萬物之長，半年出地一次，半年後又入沒地中。

〔註41〕〔唐〕徐堅等撰，《初學記》（上冊）（北京：中華書局，2005/1 二版五刷），《天
　　　　部上》，《雷第七》，第 20 頁。

〔註42〕「雷者，所以開發萌芽，辟陰除害。萬物需雷而解，資雨而潤。……大人者，
　　　　與天地合其德，與日月合其明，璇璣動作，與天相應。雷者號令，其德生養。
　　　　號令殆廢，當生而殺，則雷反作，其時無歲。」〔劉宋〕范曄；〔唐〕李賢等
　　　　注：《後漢書》（北京：中華書局，1965），《郎顗襄楷列傳第二十下》，第 1073
　　　　頁。

比較前述僅解釋雷電的本質，此處的雷似乎依循著固定的自然規律，年年循環如是，其自然神色彩的意味與前述陰陽相薄的解釋似有所衝突。不止於此，徐堅又在其後援引《抱朴子》〔註43〕，作爲解釋雷的第三種說法，認爲雷是天的大鼓，擊鼓的雷神是雷公，與前兩種解釋不同的地方是，此種解釋具有濃厚的神話意味。與歐陽詢相同，儘管徐堅對種種說法依然採羅列呈現，而未辯駁眞偽，然而他們兩人引用文獻的邏輯與順序相當一致，說明他們皆服從於經學爲主而諸子爲輔的學術素養，同時補充歐陽詢的不足，徐堅爲雷電描繪出一個更加清晰的雷電闡釋圖像。

雖然於歐陽詢、徐堅和白居易等人的類書中無法展現他們對雷電的具體認知，但是無可爭辯地，《易》的論述顯然最爲人所重視，這與經學傳統中聖人師法自然之道的觀念吻合。類似的情況也發生在唐初的法典。以長孫無忌（ca. 597～659）〔註44〕與李勣（594～669）〔註45〕兩相爲首的編修官們，在修改《貞觀律》而撰寫出《唐律疏議》〔註46〕，其中可以看出編撰官們對於《易》和其注釋系統的重視，連帶地說明時人對雷電的認識。譬如《唐律疏議》說道：

> 《易》曰：「天垂象，聖人則之。」觀雷電而制威刑，睹秋霜而
> 有肅殺，懲其已犯而防其未然。《易繫辭》曰：「天垂象，見吉凶，聖人象

〔註43〕　《抱朴子》，東晉葛洪撰寫，是研究我國晉代以前道教史及思想史的寶貴材料。《抱朴子》分爲《內篇》和《外篇》。《抱朴子內篇》主要講述神仙方藥、鬼怪變化、養生延年，屬於道家，《抱朴子外篇》則主要談論社會上的各種事情，屬於儒家的範疇。《抱朴子》全書總結了戰國以來神仙家的理論，確立了道教神仙理論體系，並繼承了魏伯陽的煉丹理論，集魏晉煉丹術之大成。

〔註44〕　長孫無忌，先世乃鮮卑族拓跋氏，北魏皇族支系，後改爲長孫氏。佐唐太宗定天下，功第一。637年奉命與房玄齡等修《貞觀律》。高宗時奉命與律學士對唐律逐條解釋，撰成《律疏》（宋以後稱《唐律疏議》）30卷。因反對高宗立武則天爲皇后，爲許敬宗誣構，削爵流黔州，自縊而死。臧勵龢等編：《中國人名大辭典》，第614頁。

〔註45〕　李勣，原名徐世勣，字懋功，曹州離狐（今東明縣境）人。唐贈以國姓「李」，因避太宗李世民諱，改爲單名「勣」。唐初名將，曾破東突厥、高句麗，歷事唐高祖、太宗、高宗三朝，被朝廷倚之爲長城。

〔註46〕　《唐律疏議》又稱《永徽律疏》，是唐高宗永徽年間完成的一部極爲重要的法典。高宗永徽二年（公元651年），長孫無忌、李勣等十九人在《貞觀律》基礎上修訂，永徽四年十月（公元653年）頒行。計分12篇，共30卷，稱爲《永徽律疏》。爲「中國現存最早最完整的法典」。臧勵龢等編：《中國人名大辭典》，第430～431頁。

之；河出圖，洛出書，聖人則之。」《易象》曰：「雷電噬嗑，先王以明罰勅法。」

蓋震爲雷則威，離爲電則明，明而威，用刑之象也。《春秋符》曰：「霜者，刑罰之

表也。季秋霜始降，鷹隼擊，王者順天行誅，成肅殺之威。」〔註47〕

聖人師法天象，見雷電於天際中的威怒而設置人世間的刑罰，如是觀念自先秦以降即已存在。然而有意思的地方是，長孫無忌與李勣等編修官們在此認同急促的聲響爲雷，且電的本質是火，故雷聲威攝，電光明耀，與刑罰的意義吻合。同爲唐初深具文學素養的士大夫，以長孫無忌與李勣爲首的編修官們顯然應當知曉關於雷電的諸種說法，然而在闡釋法典時，編修官們特地以《易》爲注釋，說明雷電是天際中的連續巨響與火光，這不啻說明了類書作者將《易》列爲闡釋之首的意義，同時透過《唐律疏議》的法典權威性，這個簡潔的注釋亦對後世產生深遠的影響。

不獨長孫無忌與李勣有此觀點，徐彥在爲《春秋公羊解詁》〔註48〕作疏時亦闡述了相同的認知，同時還意外地記錄一項流傳於庶民之間的說法。譬如他作疏道：

> 震、雷、電者，陽氣也。有聲名曰雷，無聲名曰電。周之三月，夏之正月，雨當水雪雜下，雷當聞於地中，其雉雊，電未可見，而大雨震電，此陽氣大失其節。猶隱公久居位不反於桓，失其宜也。……解云：《月令》二月「雷乃發聲」，故知正月之時聞於地中矣。其雉雊雞乳，雖起季冬之月，此時猶然，故得言此也，亦有一本云「雷當聞於雉雊」，誤也。〔註49〕

東漢的何休（129～182）〔註50〕作注闡釋到，雷、震和電都是陽氣所化，

〔註47〕 劉俊文點校：《中華傳世法典：唐律疏議》（北京：法律出版社，1999），《故唐律疏議卷第一》，第22頁。

〔註48〕 東漢何休注《春秋公羊解詁》，唐代徐彥疏，二十八卷。何休研究今文諸經，爲《春秋公羊傳》制定義例，使成爲有條理的今文經學著作。徐彥作疏也保存了唐以前的一些舊說。是今文經學派的代表著作。收入《十三經注疏》。《春秋公羊傳》又稱《公羊傳》、《公羊春秋》，專門闡釋《春秋》微言大義，爲今文經學的重要典籍。舊題作者爲公羊高，高爲齊人（今山東），相傳是孔子弟子子夏的學生。

〔註49〕 〔漢〕何休：《春秋公羊傳注疏》（收錄於李學勤主編：《十三經注疏·春秋公羊傳注疏》，北京：北京大學出版社，1999），卷三，《春秋公羊注疏隱公卷三》，第61頁。

〔註50〕 何休，字邵公，東漢任城樊（今山東曲阜）人。初，太傅陳蕃徵其參政，蕃敗，罹黨錮，黨禁解，辟爲司徒，拜儀郎，後遷諫議大夫，精研今文經學，

有聲者爲雷，無聲者爲電，此一解釋爲徐彥〔註 51〕所採納。將雷電以陰氣與陽氣運動的方式解釋，是漢朝以降常見的做法，何休直到徐彥有此認知並不令人意外，然而徐彥在解中增補了另一個說法就相當值得注意。按照《春秋公羊傳》的記述，雷聲應當在二月在地底發聲而引起雉雞啼叫，隨後世人見電光於空際，再見大雨和閃電才屬於自然規律。若是世人未見電光，直接看到大雨和閃電則是陽氣錯位，失去其自然規律。因此雷是首先在地底發聲的，其後才能在天際中觀察到閃電，何休與徐彥皆認同此一見解，是以徐彥作疏說時人說雷電聞於雉雞啼叫則是錯誤的認知。雖然徐彥批評了這個流傳於世的說法，但是同時也說明了雉雞發出雷聲的認知普及於世，以至於徐彥不得不在作疏時特別補充闡釋。此一說法在日後也對人們的雷電認知產生深遠的影響。

　　至此，士大夫以經籍爲根據而形塑出對雷電的認識已然相當明確，但是唐五代的方士透過對方術知識的掌握，則有著別於士子的另類雷電形成認識。譬如玄宗朝，王希明撰寫《丹元子步天歌》〔註 52〕，對室宿的星官是如此描述的。他說：

> 兩星上有離宮出，繞室三雙有六星。下頭六黑雷電形，壘壁陳次十二星，十二兩頭大似井。陣下分佈羽林軍，四十五卒三爲群，軍西之下多難論，仔細歷歷看區分。三粒黃金名鈇鉞，一顆眞珠北落門。門東八魁九黑子，門西一宿天綱是，電旁兩黑土公吏，騰蛇室上二十二。〔註 53〕

室宿是北方玄武七宿的第六宿，室宿作爲星官顯現在天際，預示人們需要修建房舍以抵禦寒冬的降臨。有意思的是，《步天歌》的歌訣指出室宿下緣

凡歷十七年乃成《春秋公羊傳解詁》。臧勵龢等編：《中國人名大辭典》，第 286 頁。

〔註 51〕徐彥一說爲北魏人，即徐遵明。徐遵明（（475～529），字子判，華陰（今陝西渭南）人。北魏儒家學者，經學家，南北朝時期「北學」的代表人物之一。徐彥爲《公羊傳》作疏，收入《十三經注疏》。臧勵龢等編：《中國人名大辭典》，第 798 頁。

〔註 52〕王希明，又號青羅山布衣。其傳略有兩說，一爲隋末唐初的隱士；一爲玄宗開元年間以方技爲内供奉，待詔翰林。嘗奉命編《太乙金鏡式經》。又撰《丹元子步天歌》一卷。該書七言，有韻，也稱《丹元子步天歌》，共一卷。它對人們辨認和記憶星官很有幫助，是中國古代學習天文學的必讀書。臧勵龢等編：《中國人名大辭典》，第 94 頁。

〔註 53〕周曉陸：《步天歌研究》（北京：中國書店，2004），〈室宿〉，第 48～49 頁。

的星群呈現出六個雷電的型態，顯然他將雷電與星象連結起來，讓雷電成為星官的一部分，然而星象中的雷電型態是否主興雷電，王希明並未明確說明。這個認知對後世的類書有著潛在的影響。

另一部唐五代間的方士依託著作的典籍《關尹子》〔註54〕則呈現出更加獨特的雷電認識。譬如《關尹子》如是記述著：

> 關尹子曰：「衣搖空得風，氣呵物得水，水注水即鳴，石擊石即光。知此說者，風、雨、雷、電皆可為之。蓋風、雨、雷、電皆緣氣而生，而氣緣心生，猶如內想大火，久之覺熱。內想大水，久之覺寒。知此說者，天地之德皆可同之。」〔註55〕

方士在此顯然認識到風、雨、雷、電等自然現象都可人為創造，只是程度大小有所差別。衣服擺動造成的氣流形成風，事物面臨潮濕的氣息則表面濕潤得到水，瀑布的水下濺到河流上形成轟鳴，拿石頭敲擊石頭則造成電光，這些在在地說明方士對雷電的認知，認為雷是氣上下激蕩而產生出的巨響，電是氣撞擊彼此而形成的閃光。與士大夫的認識不同，方士在天際的星官上找尋類似雷電的東西，或是在可實踐的範圍中探索雷電的本質，則成為另一種別致的雷電認知。

有別於唐朝士人博引群書，中唐的李肇（？～836）〔註56〕與北宋的沈括（1031～1095）〔註57〕採取另一種方式說明對雷電的認知。李肇於《唐國史補》說道：

〔註54〕唐陸德明《經典釋文》載：尹喜字公度。漢劉向認為關尹子名喜，號關尹子，或曰關令子。嘗請老聃撰《道德經》上下篇。應該是春秋末期人。《漢書・藝文志》有《關尹子》九篇，《隋書・經籍志》、《舊唐書・經籍志》皆不著錄。清代《四庫全書總目提要》認為該書為唐五代間方士所依託，書中多法釋氏及神仙方技家。

〔註55〕朱海雷編：《關尹子・慎子今譯》（杭州：浙江大學出版社，2012），《二柱篇》，第25頁。

〔註56〕李肇，籍貫不詳，貞元後期歷華州參軍，江西觀察從事，監察御史充翰林學士等官職。大和初遷中書舍人及少監等官，卒於開成元年前。撰有《國史補》三卷，《翰林誌》一卷，《經史釋題》二卷等書。《唐國史補》為唐代筆記小說集，此書約寫成於大和初年。臧勵龢等編：《中國人名大辭典》，第938頁。

〔註57〕沈括，字存中，號夢溪丈人，杭州錢塘縣人，中國北宋科學家。沈括歷官多處，其間修築渠堰，開發農田，頗有政績。沈括的著述，據史書記載，有22種，155卷。現在多已不見，只存《夢溪筆談》、《續筆談》、《補筆談》。臧勵龢等編：《中國人名大辭典》，第492頁。

　　或曰：雷州春夏多雷，無日無之。雷公秋冬則伏地中，人取而

食之，其狀類彘。又云與黃魚同食者，人皆震死。亦有收得雷斧、

雷墨者，以爲禁藥〔註58〕。

　　李肇長期修史，透過親自接觸到各類史料，他因此記錄到時人在雷州的
一種獨特雷電認知，說雷州春天與夏天雷公頻繁發出雷擊，幾乎每日都會發
生，但是秋冬之時雷公皆沉睡於地底，模樣如豬彘之狀，爲當地人挖掘而捕
食。然而雷公不可與黃魚一道入荣食用，否則會遭雷擊致死。同時，他也首
次記錄當地人對雷楔的見聞，當地人在雷震之後拾得雷斧或雷墨，作爲特殊
的藥材來服用。從李肇的敘述觀之，這並不是他的親身見聞，然而他將這些
雷州人的見聞補入史書當中，亦說明他很大程度上採信了這些地方見聞。北
宋的沈括（1031～1095）〔註 59〕延續了時人對雷楔的認知，進一步地親自觀
察和獲得另一種對雷電的認知。他於《夢溪筆談・神奇》說道：

　　世人有得雷斧、雷楔者，雲雷神所墜，多於震雷之下得之，而

未嘗親見。元豐中予居隨州，夏月大雷震一木折，其下乃得一楔，信

如所傳。凡雷斧多以銅、鐵爲之，楔乃石耳，似斧而無孔。〔註60〕

　　與李肇僅記錄地方見聞不同的是，沈括自身曾在隨州得到一個雷楔，雖
然世人所傳雷斧和雷楔多爲雷神所墜，甚至多於震雷所落下，但是沈括卻是
在夏月雷震劈落樹木時取得。這不啻說明，落雷下產生雷斧和雷楔眞實存在，
沈括從未親見雷神所墜的雷楔，但落雷則爲雷斧和雷楔形成的眞正成因。結
束對成因的探討後，沈括則開始描述雷斧與雷楔的材質與形狀，雷斧多爲銅
鐵金屬所構成，狀似斧頭，雷楔則是由石質構成，貌似斧頭卻無孔洞。這個
描述證實雷斧和雷楔的眞實存在，說明雷有實質，不光僅是陰陽之氣。沈括
雖未像徐堅如此論述雷電，卻以本身的經驗與見聞去驗證雷電的若干自然性
質。然而，只強調沈括對雷電的客觀分析並不全面，實際上，沈括對雷電仍
有一些獨特認知，來自於佛道之說。譬如他接著說道：

〔註58〕　〔唐〕李肇撰，《唐國史補》（上海：古典文學出版社，1957），卷下，第 63
　　　　　頁。

〔註59〕　沈括，字存中，號夢溪丈人，杭州錢塘縣人，中國北宋科學家。沈括歷官多
　　　　　處，其間修築渠堰，開發農田，頗有政績。沈括的著述，據史書記載，有 22
　　　　　種，155 卷。現在多已不見，只存《夢溪筆談》、《續筆談》、《補筆談》。臧勵
　　　　　龢等編：《中國人名大辭典》，第 492 頁。

〔註60〕　〔宋〕沈括撰，《夢溪筆談》（上海：上海書店，2009），卷二十，（神奇），第
　　　　　167 頁。

　　　　内侍李舜舉家曾爲暴雷所震，其堂之西室雷火自窗間出，赫然
出簷，人以爲堂屋已焚，皆出避之，及雷止，其舍宛然，牆壁、窗
紙皆黔。有一木格，其中雜貯諸器，其漆器銀扣者，銀悉鎔流在
地，漆器曾不焦灼，有一寶刀極堅鋼，就刀室中鎔爲汁，而室亦儼
然。人必謂火當先焚草木，然後流金石，今乃金石皆鑠而草木無一
毀者，非人情所測也。佛書言「龍火得水而熾，人火得水而滅」，此
理信然。人但知人境中事耳，人境之外，事有何限，欲以區區世智
情識窮測至理，不其難哉。〔註61〕

　　友人李舜家裏曾經被爆雷所襲，家中除金屬之外悉皆安然無恙，金屬物
品如漆器上的鑲銀和鋼刀等卻化爲鐵汁。沈括記錄這段見聞，有趣的地方在
於暴雷從天降，但是雷光卻似是從廳堂的偏室發出，轉而躍出屋簷。雷電究
竟是從天而降，還是出於地中，沈括給出一個很奇怪的記錄。其次，沈括認
爲「龍火得水而熾，人火得水而滅」的奇異現象因此事而顯得眞實，人智僅
能理解自然的常規運行而無法窮測世間至理。因此佛書所載之理亦眞實，雷
光除由天降，亦可能由龍火生成，如此才能只融化金屬而不焚草木屋室。這
段對雷電的認知論述除卻沈括的親身見聞，也兼及沈括涉獵的佛教典籍，間
接說明著雷電隱然與龍火有所關聯，其連接處在於佛經的記述。佛經之外，
沈括還有另外一段異事的記載與道教神話相關，譬如他說道：

　　　　世傳湖湘間因震雷，有鬼神書「謝仙火」三字於木柱上，其字
入木如刻，倒書之。此說甚著。近歲秀州華亭縣亦因雷震，有字在
天王寺屋柱上，亦倒書，云「高洞楊稚一十六人火令章」凡十一字，
內「令章」兩字特奇勁，似唐人書體，至今尚在，頗與「謝仙火」
事同。所謂「火」者，疑若隊伍若干人爲一火耳。余在漢東時，清
明日雷震死二人於州園中，脅上各有兩字，如墨筆畫，扶疏類柏葉，
不知何字。〔註62〕

　　世間傳說湖南一帶在震雷之時，有鬼神在木柱上刻謝仙火字樣，卻皆是
倒刻。謝仙爲雷部中的神名，主行火。〔註63〕根據《歷代神仙通鑑》，雷部是
神話中主管打雷的部門，有時即指雷神，在神系中設置雷部，並由九天應元

〔註61〕　〔宋〕沈括撰，《夢溪筆談》，卷二十，（神奇），第 170 頁。
〔註62〕　〔宋〕沈括撰，《夢溪筆談》，卷二十一，（異事異疾附），第 178 頁。
〔註63〕　〔宋〕張耒撰，《明道雜志》（北京：中華書局，1985），第 10 頁。

雷聲普化天尊主其事，此當是北宋末年的事。〔註64〕無獨有偶，沈括在浙江時亦親見天王寺的屋柱上有字倒書，筆法近似唐人書體。顯然，沈括採信其說。同時，他自己也親身應證雷電震死兩人，在胸骨兩側各有兩個無法辨認的字。對照上述記載，沈括認同震雷下產生刻字應無疑問，人智也確實無法解釋雷電的各種奇異現象，是以道家言雷部之說，亦得以應驗。

然而，有趣的事是沈括似乎還認同雷可能出於地下，雷光自李舜家的偏室而出是一條證據，另外，一般人認為，雷從天落因此刻於木柱的字應當是正刻，然而若以雷從地出的角度來看，倒刻於木柱上的字即屬合理，因為雷的運動方向顛倒，字也應當倒刻。雷從地出的傳統，並非源自沈括，《易》即記述「雷出地奮豫」，〔註65〕這裡沈括很可能只是不經意地為此種說法列出旁證。自宋代始，民間的多元崇拜達到相當的高度，致使官方持續性地清除各色「淫祀」與「淫祠」。〔註66〕沈括對雷電的見解來自個人經驗見聞，兼及佛道之說，卻少見遵循經學解釋，透露出北宋以降的思想論域已與唐朝大相逕庭，連帶地影響到人們對雷電的知識來源。〔註67〕

兩宋之際，孔傳〔註68〕續撰《孔氏六帖》（1134）〔註69〕中也增補了唐人

〔註64〕 〔清〕徐道撰，周晶等點校，《歷代神仙演義》（瀋陽：遼寧古籍出版社，1995），第 204～205 頁。《歷代神仙演義》原名又為《歷代神仙通鑒》。北宋時期道教興盛，神霄、清微諸派崇尚雷法，於是，雷之功能不僅在於施雨，而且擴大到了主天之禍福，持物之權衡，掌物掌人，司生司殺，兼及抗金。時至明清，道教與民間傳統宗教與迷信結合，深入民間。任繼愈主編，《中國道教史》（上海：人民出版社，1990），第 464～478、673～676 頁。

〔註65〕 「《象》曰：雷出地奮，《豫》。先王以作樂崇德，殷薦之上帝，以配祖考。」周振甫譯注，《周易譯注》（北京：中華書局，1991），《豫》，第 64 頁。

〔註66〕 葛兆光撰：《中國思想史·第二卷，七世紀至十九世紀中國的知識、思想與信仰》（上海：復旦大學出版社，2000），第 362～363、372～374 頁。

〔註67〕 葛兆光撰：《中國思想史·第一卷，七世紀前中國的知識、思想與信仰》，第 567 頁。

〔註68〕 孔傳，初名若古，字世文，南宋兗州仙源（今山東曲阜東北）人。南渡後流寓衢州。孔子四十七世孫。歷仙源主簿、京東轉運司管勾文字、知分州。高宗時官至右朝議大夫，知撫州軍州事兼管內勸農使。卒年七十五。宣和末，撰有《祖庭雜記》，述其家舊聞，已佚。紹興中，再撰《東家雜記》。另有《也子編年》，並續《白氏六帖》，合為《白孔六帖》。臧勵龢等編：《中國人名大辭典》，第 337 頁。

〔註69〕 《孔氏六帖》，原名《六帖新書》，或稱《後六帖》，簡稱「孔帖」，乃南宋初年孔子之後裔孔傳為續《白帖》而作。該書仿《白帖》之體例，將唐、五代時的史籍，詩文中的內容，又抄錄彙編而成，成於紹興初年（1131～1162）初年，始刻於乾道二年（1166）。

對雷電的若干見聞故事。譬如他說：

> （孔）雷鬼《五行志》：貞元四年，宣州大雨震雷，有物墜地如豬，手足各兩指，執赤班蛇食之。頃之雲合不復見，近豕禍也。……雷穴唐《酉陽雜俎》：興州一處名雷穴，每雷聲，水塞冗流，魚隨流而百姓每候雷聲繞樹，網獲魚無限。……其狀如麑《國史補》云：雷州春夏多雷，無日無之，秋日則伏地中，其狀如麑，人取而食之。〔註70〕

　　孔傳續白居易的《白氏六帖》，為雷電增補經史逸事，成為一部更為完備的事類編，亦說明時人對雷電的認知已逐漸從經典的陰陽之說延展到各種與雷相關的異象上。譬如唐德宗時，安徽一帶有類似豬的生物伴隨著大雨和雷電從天上掉落，在雲密合之後就不再掉落。陝西一帶也有雷穴，每當雷震就致使水流不暢，魚民在此捕撈漁獲頗豐。廣東西南一帶春夏頻雷，故在秋季也發現類似豬形的生物伏眠於地底，居民常捕取而食用。上述記載的特點有三個，見聞的發生之地皆逐漸遠離中原一帶，同時雷電發生之際都伴隨著生物異相，甚至還有人意識到在特定地點產生雷電有著特定的作用。這種做法與沈括頗為類似，都是持續地增補時人對雷電與相關現象的認識，逐漸脫離出經典論述的範圍。

　　自唐初至宋末，類書作者搜羅往昔古人對雷電的大多認知而使之並存，雖然不同的認知逐步增加，卻仍可觀察到以《易》為基礎的認知佔據著士大夫階層的主流觀點。隨著時間推移，方士借由占星與實踐觀察而得到明顯的異源認知，隨後士大夫們在認知雷電的視角又逐步轉移到個人與地方性上的經驗見聞當中，反映的是傳統經學的統治性影響在唐朝以降的逐步衰落，雷電的認知來源則趨於多樣化。

2.3　宋明時期的雷電認知探索

　　北宋由於宋徽宗酷愛道術，道教一時尊貴無比，神霄雷法亦在北宋晚期迅速展開。張繼先、林靈素與王文卿等道士紛紛進獻道藏和符籙，以致於徽宗聽信其言，自認為「神霄玉清王者，上帝之長子，長生大帝君」。又因神霄派將道術、符籙與召雷呼雨相結合，是以徽宗欲以道術治國，命各地建神霄

〔註70〕〔唐〕白居易撰；〔宋〕孔傳續撰：《白孔六帖》，收錄於收錄於〔清〕高宗御製，《欽定四庫全書》，臺北，臺灣商務，1978，第891冊，《子部》，《白孔六帖》，《雷》，第23a～24b頁（總頁891-32～891-33）。

萬壽宮，並於京師開神霄籙壇，傳籙散符，授以雷書。自此，徽宗神人合一，成為神權與君權合一的皇帝。〔註71〕

　　儘管道士與時人皆認為人類可以憑藉符籙之力與內丹調息來招喚雷部鬼神，呼雷喚雨，但是此一舉措並沒有增加時人對雷電本質的認識，而僅僅擴充了道藏中對修練內丹功致召雷喚雨的諸多法門，〔註72〕以及對雷系諸神的描寫。

　　唐宋佛道盛行的影響使然，催生出北宋理學的萌芽，至南宋時大盛，是以時人對雷電的見解與唐代士人的觀念有明顯的變化。朱熹（1130～1200）〔註73〕與方逢辰（1221～1291）〔註74〕在繼承前人對雷電認知的同時，重新在雷電的陰陽生成原因上做出若干深化，形成理學中與陰陽氣論關聯的獨特創造。譬如說朱熹在《朱子語類》就曾如是說：

　　　　「雷如今之爆杖，蓋鬱積之極而迸散者也。」〔註75〕

　　方逢辰的《名物蒙求》中也持類似見解，說道：

〔註71〕 李遠國：《神霄雷法：道教神霄派沿革與思想》（成都：四川人民，2003），第二章《神霄派形成期——北宋》，第30～55頁。

〔註72〕 「先存神，運祖氣歸肝宮九帀，令木氣盛。運行至絳宮，生心火，三帀，令火旺盛。先教陽極，庶幾陰生也。然後以此火生土，土生金，金生水，七帀，要令水旺。方以此水剋火，五帀，克得火都消滅盡，渾無一些火炁。五行之炁都化水，歸黃庭，升上風池，透出兩耳，則為風；升上山嶽，透出神廬，則為雲；以雷局作用，升上頂門，吸喝出，則為雷；升上泥丸，入華池，運神水噴喋，則為雨；升上絳宮，閃目出則為電。五事都只從黃庭一個作用中化出來。」《道法會元》（收錄於張繼禹總主編；劉仲宇該冊主編：《中華道藏・第三十六冊》，北京：華夏，2004），卷七十七，《祈雨訣》，第485～486頁。

〔註73〕 朱熹，徽州婺源人。字元晦，一字仲晦，號晦庵，晚稱晦翁，南宋理學家，理學集大成者，尊稱「朱子」。中紹興十八年進士，歷高孝光寧四朝。朱熹承北宋周敦頤與二程學說，創立宋代研究哲理的學風，稱為理學。其著作甚多，輯定《大學》、《中庸》、《論語》、《孟子》為四書作為教本。著作以《四書集注》、《四書或問》、《太極圖說解》、《朱子語類》和《近思錄》為理學重要著作。臧勵龢等編：《中國人名大辭典》，第267頁。

〔註74〕 方逢辰，字君錫，號蛟峰，學者稱蛟峰先生，淳安縣人，南宋政治家及宿儒。自幼隨父習字學文，尤以理學為歸宿。淳祐中廷對進士第一，並賜名「逢辰」，後宦海不順而屢遭罷官，回鄉創辦家塾以教授理學為業，度宗朝，累官至戶部尚書。著有《孝經解》、《易外傳》、《尚書釋傳》、《學庸注釋》、《格物入門》諸書行世。臧勵龢等編：《中國人名大辭典》，第62頁。

〔註75〕 黎靖德撰，鄭明等校點：《朱子語類》（上海古籍出版社、安徽教育出版社，2002），卷一，第142頁。

> 雲維何興？以水之升。雨維何降？以雲之蒸。陽爲陰繫，風旋
> 飆回。陽爲陰蓄，迸裂而雷。〔註76〕

朱熹的想法是，雷聲恰似爆竹，是氣被擠壓至極限而迸發形成的現象。
方逢程的想法更爲細緻，認爲陽氣被陰氣所束縛而旋轉，就是旋風的起因；
陽氣爲陰氣所積蓄，換句話說，陰氣若把陽氣包覆其中，就會迸裂而產生雷
電。從上述的分析來看，筆者認爲兩人的論點其實源出陰陽相薄之說，只是
更明確地將雷電成因指向氣的擠壓作用。相對於朱熹，方逢辰更描繪了陰氣
與陽氣之間的關係，此兩者並非相迫近就會產生雷電，而是陰氣將陽氣包覆
其中，陽氣迸裂而出才會有雷電發生。

但若說朱熹與方逢辰僅延續傳統觀念做出闡釋卻無法反映他們的眞實認
知，事實上朱熹所認知的雷電現象非常複雜，譬如他在另一處說道：

> 問：「雷電，程子曰只是氣相摩軋。是否？」曰：「然」。「或以
> 爲有神物」曰：「氣聚則須有，然才過便散。如雷斧之類，亦是氣聚
> 而成者。但已有渣滓，便散不得，此亦屬成之者性。」張子云：「其
> 來也，幾微易簡；其究也，廣大堅固。即此理也。」〔註77〕

一方面他認同程頤的見解，認爲雷電只是氣相摩擦的過程，並非神奇的
事物，同時雷斧也是氣聚集而生成的物體，與雷電不同的地方僅是，雷斧是氣
摩擦後的渣滓構成，無法散去。朱熹在此的說法比沈括走得更遠，因後者僅描
述雷斧的材質與形狀，前者卻已然開始解釋雷斧的成因。但是若問朱熹是否僅
以氣論去解釋雷電現象，答案卻又不盡然，他同時認爲火也是雷電的本質，這
個說法顯然是來自《易經》，只是朱熹添增了自己的創造。譬如他說：

> 「天地始初混沌未分時，想只有水火二者。水之滓腳便成地。
> 今登高而望，群山皆爲波浪之狀，便是水泛如此。只不知因甚麼
> 時凝了。初間極軟，後來方凝得硬。」問：「想得如潮水湧起沙相
> 似？」曰：「然。水之極濁便成地，火之極清便成風霆雷電日星之
> 屬。」〔註78〕

〔註76〕〔宋〕方逢辰撰：《名物蒙求》（收錄於王正良：《中國蒙書篇鋼筆字帖之七·
名物求蒙》，南寧：廣西美術出版社，1997），第4頁。

〔註77〕黎靖德撰，鄭明等校點：《朱子語類》，卷二，《理氣下》，《天地下》，第 141
～142頁。

〔註78〕黎靖德撰，鄭明等校點：《朱子語類》，卷一，《理氣上》，《太即天地上》，第
120頁。

在世界混沌未分時，朱熹認為其間只有水與火，水的渣滓聚集形成大地，火最清純的部分則構成大氣的各種現象，包含雷電。這裡朱熹不同於上述，認為氣相摩擦產生雷電，而是將雷電本質導向於火，並同時以火為基礎說明各種大氣現象的發生。雖然《易經》已有離為電，將電的本質視為火的說法，但是朱熹認為火即是構成各種天象的根本，風霆、雷電、日星皆然，這顯然是一種創新，以往並未出現過。然而有意思的是，朱熹似乎也認為鬼神能導致雷電，這似乎源於道教的傳統。譬如他說：

> 問：「鬼神便是精神魂魄，如何？」曰：「然。且就這一身看，自會笑語，有許多聰明知識，這是如何得恁地？虛空之中，忽然有風有雨，忽然有雷有電，這是如何得恁地？這都是陰陽相感，都是鬼神。看得到這裡，見一身只是個軀殼在這裡，內外無非天地陰陽之氣。」〔註79〕

鬼神是精神魂魄，在傳統概念中魂屬陽而魄屬陰，在虛空之中，該如何解釋突然有風雨雷電，必然只能說明鬼神以陰陽相感，使天地陰陽之氣產生雷電。雖然參照朱熹前述的諸種說法，其相互之間並不統一，且思想來源各異，譬如鬼神必須以陰陽相感的方式呼雷喚雨，但是又該如何與氣被擠壓至極限而迸發成雷的運動相統一呢？可惜朱熹本人從來沒有試圖調和這些不同的雷電發生的成因，並且明確說明其間的因果關係。但是從另一個角度來說，則可看出朱熹受惠於博覽群書，吸收入若干道教中的雷法與內丹之說，開始認同鬼神致雷電說與雷法修練的關係。與方逢辰僅深化經學中陰陽氣致電的概念有所區別。

除了雷電成因外，還有一個地方值得注意，即是在北宋沈括只探討雷斧和雷楔等實物時，朱熹又再次越過沈括，開始討論雷電的形象，他說：

> 雷雖只是氣，但有氣便有形。如螮蝀本只是薄雨為日所照成影，然亦有形，能吸水，吸酒。人家有此，或為妖，或為祥。〔註80〕

朱熹承認雷只是氣，但是氣會產生形體，像虹霓只是薄雨受日光照射的影子，但是也有形體，可以吸清水和酒水，可以化為妖怪，也可化為祥瑞。言下之意似乎是，朱熹並不知道雷的形體確切為何，但是由氣構成的雷的確可化為若干形態，譬如薄雨可以化為彩虹。雖然朱熹在此沒有給出明確闡釋，

〔註79〕黎靖德撰，鄭明等校點：《朱子語類》，卷三，《鬼神》，第 162 頁。
〔註80〕黎靖德撰，鄭明等校點：《朱子語類》，卷二，《理氣下》，《天地下》，第 142 頁。

但是此一說法無疑涉及雷電複雜的形態問題，此處所能知道的僅是，他認同氣的運動會產生出雷電及其形態，人們看到的雷電只是其形態，雖然可能有其獨特的活動，亦可以化身爲災異和祥瑞，但其本質仍然是氣的運動。

綜合觀之，朱熹似乎沿襲以往雷電是氣所摩擦而構成的論述，但是與方逢辰不同的是，爲了解釋各種跟雷有關的現象，他似乎又同時兼容雷電的本質爲火、鬼神致雷電，與類似虹霓的形態存在於雷電之中。這些說法或許有其來源可以追溯，但是經過朱熹以陰陽氣論進行詮釋後更像是他的獨特創造。同時，從徐堅經學解釋爲依歸，至沈括和孔傳的評論所見所聞，再到朱熹以形而上學的方式建立出的多因兼容並立，似乎可以窺視到經學對雷電的解釋權威性正逐步衰退，〔註81〕讓位於眾說紛呈的見解。

然而不同於理學家的見解與闡釋，長年擔任刑法官的宋慈（1186～1249）〔註82〕對雷電有著獨特的認知，特別之處在於他的認知基礎來自於被雷殛致死的屍體。譬如他記錄道：

> 凡被雷震死者，其屍肉色焦黃，渾身軟黑，兩手拳散，口開眼突，耳後髮際焦黃，頭髻披散，燒著處皮肉緊硬而攣縮，身上衣服被天火燒爛。或不火燒。傷損痕跡，多在腦上及腦後，腦縫多開，鬢髮如焰火燒著。從上至下，時有手掌大片浮皮紫赤，肉不損，胸項背膊上，或有似篆文痕。〔註83〕

宋慈本身深受理學長年的薰陶，然而長年從事判刑與法醫的工作使然，他並不抽象地闡述雷電爲何，而是在《洗冤集錄》中詳細描述出遭雷殛致死的屍體狀態，這亦添增時人對雷電的另一層面認識。在他的紀錄中，天火伴隨著雷殛燒爛屍身的頭髮與衣服，口開眼突則說明著雷殛的基礎爲陽氣，令物體膨脹。同時，宋慈也確認了屍體上的篆文是雷殛後的產物，與沈括的親身觀察相似。可惜的是，這些觀察紀錄長時間僅流通於宋慈以降的法醫與判官傳統，甚少爲文人士子所述及，對後世的影響並不普遍與深刻。

〔註81〕 經學在宋朝已經開始消退。葛兆光撰：《中國思想史・第二卷，七世紀至十九世紀中國的知識、思想與信仰》，第285、305～306頁。

〔註82〕 宋慈，字惠父，漢族，建陽（今屬福建南平地區）人，我國古代傑出的法醫學家，被稱爲「法醫學之父」，著有《洗冤集錄》。他所寫的《洗冤集錄》是世界上第一本法醫專著。直到現在這本書在法醫學裏也有著很高的參考價值。臧勵龢等編：《中國人名大辭典》，第356頁。

〔註83〕 〔南宋〕宋慈撰；黃瑞亭、陳柔佛巴魯主編：《洗冤集錄今釋》（北京：軍事醫學科學出版社），卷五，《雷震死》，第204頁。

　　無獨有偶，元末於太史院任職的岳熙載〔註 84〕也有著迥異的認知，較唐代方士觀測星官的認知更深一層。其在《天文精義賦》說道：

　　　　雷電、霹靂、雲雨各以其事所屬，雷電六星主興雷電，霹靂五
　　　　星主陽氣，太盛擊碎萬物，雲雨四星主四時雨澤。〔註 85〕

　　主管雷電的六顆星掌管著雷電的出現，主管霹靂的五顆星掌管陽氣盛衰，主管雲和雨的四顆星則掌管一年四季的降雨多寡。岳熙載的認知明確地將星體的光暗與雷電是否出現相連結。這較唐五代方士的認識則更加深入，確立出一種星體主宰雷電的明確連結，並成為天文官吏普遍接受的認知，直到西學東漸逐漸展開才沒落。

　　朱熹的學術思想在宋朝滅亡後逐步興盛，《四書》的地位亦逐步超越《五經》，元仁宗延祐二年（1315）時確定以朱熹的《四書章句集注》為科試範疇，此後中國科舉便在《四書集注》範圍內出題，明清兩代被列為儒學正宗，〔註 86〕這使他的影響力僅次於孔子，然而這個學術趨勢似乎並未反映在後人對雷電的認知上。儘管朱熹對雷電做出不少別出心裁的闡釋，後世學者卻沒有追隨他的見解和趨向，而是呈現出不同的認知面貌。譬如明朝程登吉〔註 87〕在《幼學瓊林》一書中寫道：

　　　　混沌初開，乾坤始奠。氣之輕清上浮者為天，氣之重濁下凝者
　　　　為地。日月五星，謂之「七政」；天地與人，謂之「三才」。……旋
　　　　風名為「羊角」，閃電號曰「雷鞭」，……雷部至捷之鬼曰「律令」，
　　　　雷部推車之女曰「阿香」。雲師係是豐隆，雪神乃是藤六。欻火、謝
　　　　仙，俱掌雷火。飛廉、箕伯，悉是風神。列缺乃電之神，望舒是月
　　　　之御〔註 88〕。

〔註 84〕 岳熙載，金元間燕人，字壽之。金哀宗時以精通玄象科登第一，授司玄大夫。
　　　　著有《天文精義賦》。
〔註 85〕 〔元〕岳熙載：《天文精義賦》，收錄於《續修四庫全書》（上海：上海古籍，
　　　　2002，據上海辭書出版社圖書館藏清光緒刻方氏碧琳琅館叢書本影印），卷
　　　　四，第 115 頁，原刊本第 11 頁。
〔註 86〕 葛兆光撰：《中國思想史‧第二卷，七世紀至十九世紀中國的知識、思想與信
　　　　仰》，第 390～393 頁。
〔註 87〕 程登吉，字允升，明末西昌人，為《幼學瓊林》的編撰者。《幼學瓊林》，是
　　　　中國明清以來廣泛流傳的蒙學讀物，在明清兩代的鄉塾蒙學教育影響深遠。
〔註 88〕 〔明〕程登吉原編，〔清〕鄒聖脈增補，葉光大譯注：《幼學故事瓊林譯注》（貴
　　　　陽：貴州人民出版社，1991），卷一，《天文》，第 1～3 頁。

　　儘管程登吉遵循理學家主張的氣清者浮爲天，氣濁者沉爲地的說法，然而受限於蒙書撰寫形式，他並未落入理學中形而上的探討。反之程登吉描繪的是神話式的圖像，與唐朝以前的士大夫以經學爲思想基礎不同的是，《幼學瓊林》中的認知則來源來自於道教傳說神話，應是北宋道教大盛而流傳下來的觀念。引文中的雷部爲道教中掌管雷霆神尊的所在之處。九天應元雷聲普化天尊主是雷部的最高神，下轄一個複雜的雷部組織，總部爲神雷玉府，下設「三十六內院中司、東西華臺、玄館妙閣、四府六院及諸各司，各分曹局」。〔註89〕這裡的列缺是雷電之神，焱火與謝仙也都是雷部的神名。律令與阿香則是分屬雷部，律令是周穆王時人，因其奔跑快捷，死後化身爲雷部之鬼，主司報告消息；阿香則存在於民間傳說之中，後爲《續搜神記》所收錄而爲不少類書轉錄，因其推雷車故素有「阿香女、推車女」之稱，有時代指雷公。〔註90〕程登吉描述的，是源自於漢朝流傳下來的民間傳說，道教色彩濃厚。他沒有依循著朱熹的解釋路線，反而從道家神話傳說的路徑解釋雷電的存在，雖然說他是爲啓蒙幼童而作，必須避免艱澀的討論，但是從他論述混沌初開，氣清爲天，氣濁爲地的狀況，卻恰巧獨獨在描述雷時以民間傳說來敘述，顯然並非故意誤導幼童，而是認知雷電的知識來源有所差異。

　　明初的《天元玉曆祥異賦》（1425）一書中亦呈現出占候依然是時人認知雷電的知識來源之一。譬如其中的《日有赤暈占》中提到：

　　　　朱文公曰：色赤則暑雨霹靂。

　　　　開元占曰：日有赤暈必有大雨雷電霹雨雹或大暑。〔註91〕

　　其內容記載到朱熹似有主張，天色呈現紅霞，其後必有雷雨霹靂將至，無獨有偶，《開元占經》亦記載太陽帶有紅暈則有大雨夾帶閃電霹靂發生，或是大旱將至。此二者皆有別於理學的陰陽氣論思維，從占候的傳統中認知雷電，預判其後衍生的自然現象，爲日後部分日用類書所承襲。

　　明朝中晚期，李時珍（1518～1593）《本草綱目》（1590）、邢雲路（ca.

〔註89〕　〔清〕徐道撰，周晶等點校：《歷代神仙演義》，第204～205頁。

〔註90〕　〔明〕程登吉原編，〔清〕鄒聖脈增補，葉光大譯注，《幼學故事瓊林譯注》，第3頁。

〔註91〕　〔明〕朱高熾：《天元玉曆祥異賦》，乙，《日有赤暈占》，收錄於《四庫禁燬書叢刊補編‧第33冊》（北京：北京出版社，2005），第535頁，原刊本第44頁。是書爲明仁宗朱高熾洪熙元年御撰，傳聞係明初國師劉基代撰。

1549～ca. 1595）《古今律曆考》，〔註 92〕以及謝肇淛《五雜俎》中三人對於雷電認知也與朱熹不同。李時珍針對雷楔有著極其細緻的觀察，對它的來源與藥性做出仔細的析辯。譬如他說：

> 【釋名】雷楔。時珍曰：舊作針及屑，誤矣。【集解】藏器曰：此物伺候震處，掘地三尺得之。其形非一，有似斧刀者，銼刀者，有穴二孔者。一云出雷州，並河東山澤間，因雷震後得者。多似斧色，青黑斑紋，至硬如玉。或言是人間石造，納與天曹，不知事實。〔註 93〕

李時珍說明傳統上，雷楔被認作爲石針和石屑存在問題，雷楔與它們並非同一事物。他援引陳藏器的見解來說明此一見解，說雷楔需掘地三尺才可得之，而且形狀不一，然而陳藏器對於其來源則無法判斷，僅能將雷楔出自雷州山澤之間，以及雷楔是由人間打造，交付雷公使用兩說分呈。對於此，李時珍有不同認知，他說道：

> 時珍曰：按；《雷書》云：雷斧如斧，銅鐵爲之。雷磧似碪，乃石也，紫黑色。雷錘重數斤，雷鑽長尺餘，皆如鋼鐵，雷神以劈物擊物者。雷環如玉環，乃雷神所遺落者。雷珠乃神龍所含遺下者，夜光滿室。又《博物志》云：人間往往見細石，形如小斧，名霹靂斧，一名霹靂楔。《玄中記》云：玉門之西有一國，山上立廟，國人年年出鑽，以給雷用。此謬言也。雷雖陰陽二氣激薄有聲，實有神物司之，故亦隨萬物啓蟄，斧、鑽、碪、錘皆實物也。若曰在天成象，在地成形，如星隕爲石。則雨金石、雨粟麥、雨毛血及諸異物者，亦在地成形者乎？必太虛中有神物使然也。〔註 94〕

從《雷書》、《博物志》與《玄中記》等書的記錄來看，李時珍認爲雷楔分爲雷斧、雷磧、雷錘、雷鑽、雷環和雷珠等六種不同的事物，各有其不同的構成、形狀與來源。其中，雷斧、雷磧、雷錘、雷鑽是雷公用以霹擊事物

〔註 92〕邢雲路，字士登，安肅人，明代天文學家。任河南僉事時，發現《大統曆》與天象實測不合，因而奏請改曆，受到欽天監官員的攻擊。此後參與兩次改曆運動，著有《戊申立春考證》、《七政眞數》和《古今律曆考》等書。

〔註 93〕〔明〕李時珍撰，王雲五主編：《本草綱目》（上海：商務印書館，1955），卷十，《金石部》，《霹靂砧》，第 35～36 頁。

〔註 94〕〔明〕李時珍撰，王雲五主編：《本草綱目》，卷十，《金石部》，《霹靂砧》，第 35～36 頁。

之物，雷環是雷神遺落的身物，這五種都與雷公相關聯，然而特別的是，李時珍也認同雷珠是龍所遺落的東西，意味著他同時認同雷公與龍分別存在。儘管他隨即駁斥《玄中記》和陳藏器記述的雷楔是由人間打造，交付雷公使用的說法，但是他仍認為雷電為陰陽二氣聚積所致，且由神靈居間主宰，故雷電亦隨萬物興起和蟄伏。從這個意義上來看，李時珍是認同雷電是由具有生物習性的神靈操作的，同時雷楔必然形成於天際而由神靈所造，並非根據不同地域而有不同形態。最後，李時珍作為一個出色的醫生，他試圖闡釋雷楔作為藥物的用途，他說道：

> 【氣味】無毒。主大驚失心，恍惚不識人，並石淋，磨汁服，亦煮服。作枕，除魔夢不祥（陳藏器）。刮末服，主療疾，殺勞蟲，下蠱毒，止泄瀉。置箱簀間，不生蛀蟲。諸雷物佩之，安神定志，治驚邪之疾（李時珍。出《雷書》）。〔註95〕

自陳藏器之後，李時珍再次補充了雷楔作為藥用的認知，顯而易見地，他實際將雷楔作為藥物運用於病患之中，是以得出這個極其細緻的考究，也釐清之前雷州人使用雷楔以為禁藥的原因。陳藏器已闡明雷楔具有治癒精神疾病的療效，李時珍則再進一步地補充雷楔做粉末服用亦具有殺蟲、去毒和止瀉之用，配戴雷楔則可以安定心神。這種認知為傳統所無，僅在醫生的群體中流傳散佈。

相對地，邢雲路則在修訂曆法時對雷電作出探討，令人有些例外的是，他對雷電的認知嚴格地遵照了漢儒的見解，重新提出了早期陰陽氣論的雷電傳統。他說道：

> 震，雷也。電，雷光也。左傳謂：夏之正月，微陽始出，未可雷電，為非時。穀梁謂：八日之間，再有雨雪大變，故謹而日之。公羊謂：月令，二月雷乃發聲，正月雷電，為不時。劉向云：雷未可以出，電未可以見，雷電既已出見，則雪不當復降，皆失節也。雷電，陽也。雨雪，陰也。雷出非其時者，是陽不能閉陰，陰氣縱逸而將為害也。〔註96〕

〔註95〕 〔明〕李時珍撰，王雲五主編：《本草綱目》，卷十，《金石部》，《霹靂砧》，第35～36頁。

〔註96〕 〔明〕邢雲路輯：《古今律曆考》（上海：商務印書館，1936，據畿輔叢書本），卷五，《春秋考》，第67頁。

　　明顯地，邢雲路此處幾乎完全按照晉朝范寧的《穀梁傳》論述了雷電的認知，在進入宋朝後雷電認知環境已經劇烈變化的狀況下，邢雲路仍願意援引漢朝時期的認知來闡釋雷電，進而解決天象與曆法的不合。這似乎說明著在修訂曆法的知識領域中，早期的陰陽氣論仍然是根深蒂固的基本概念，傳統權威解釋仍佔有很強的控制力。

　　不同於李時珍的針對性和邢雲路遵循傳統，謝肇淛可以說是繼王充之後，親身觀察雷電最仔細的士大夫。譬如他說：

> 　　日，陽精也，而雷、電、虹、霓皆陽屬也；月，陰精也，而雨、
> 露、霜、雪皆陰屬也。星宿、風雲，行乎陰陽之間者也。日、月，
> 恒有者也；雷、電、雨、露之屬，不恒有者也。星宿體生於地而精
> 成於天，風雲皆從地起而行天者也，故兼陰陽之氣也。〔註97〕

　　謝肇淛首先認為，雷電是陽氣構成的，但是不同於太陽、星宿和風雲，它是個不穩定存在的現象，而不是一個物體。雷電與陽氣的關聯可以從另外一說看得更為細緻，他說：

> 　　《風俗通》云：「雷不蓋醬。」雷聲者，陽氣之發也，收斂之
> 物，觸之輒變動。今人新死未斂者，聞雷聲，屍輒漲起，是也。

〔註98〕

　　他引用《風俗通》〔註99〕的說法，解釋到雷聲是陽氣發散時的現象之一，收斂之物接觸到陽氣即會變動，同如尚未入殮的屍體聽到雷聲就會膨脹起身一樣。此處謝肇淛的想法與朱熹和方逢辰類似，雷聲的產生是氣被擠壓至極限而迸發形成的現象，或是說陰氣把陽氣包覆其中而迸發，他更舉屍體接觸雷聲就會變化來論證「收斂之物，觸之輒變動」來舉證，使人信服。上

〔註97〕〔明〕謝肇淛撰：《五雜俎》（上海：上海書店出版社，2009），《天部一》，第
　　　　3頁。

〔註98〕〔明〕謝肇淛撰：《五雜俎》，《天部一》，第13頁。

〔註99〕東漢汝南郡南頓縣（今項城）人應劭撰。簡稱《風俗通》。原書二十三卷，現
　　　　存十卷，附錄一卷。該書考論典禮類《白虎通》，糾正流俗類《論衡》，記錄
　　　　了大量的神話異聞，但作者加上了自己的評議，從而成為研究古代風俗和鬼
　　　　神崇拜的重要文獻。應劭（ca. 153～196年），東漢學者，字仲遠，汝南郡南
　　　　頓縣（今項城）人。劭少年時專心好學，博覽多聞。靈帝時，舉孝廉。中平
　　　　六年（189）至興平元年（194）任泰山郡太守，後依袁紹，卒於鄴。平生著
　　　　作11種、136卷，現存《漢官儀》、《風俗通義》等。臧勵龢等編：《中國人名
　　　　大辭典》，第1635頁。

述的見解頗同於朱熹，是謝肇淛受理學影響較明顯的部分，然而他並不同意陽氣發散形成雷聲是唯一因，龍與雷公同樣也是產生雷電的原因，譬如他說道：

> 鳳、麟皆無種而生，世不恒有，故爲王者之瑞。龍雖神物，然世常有之，人罕得見耳。但以一水族而雲、雨、雷、風、電皆爲之驅使，故稱神也。〔註100〕

> 龍珠在領，鮫珠在皮，蛇珠在口，鱉珠在足，魚珠在目，蚌珠在腹。又蜘蛛、蜈蚣，極大者皆有珠，故多爲雷震者，龍取其珠也。〔註101〕

龍被認爲是一種世間罕有的神奇海洋動物，人們難得見之，然而它卻能驅使雷電等各種現象，是它神奇之處。這裡謝肇淛試圖說明，龍的出現經常伴隨雷電，原因是龍能使雷電產生。另外，生物極大者有靈珠，爲龍所好，所以頻遭雷震，原因是龍在取它們身上的靈珠。這也說明雷電的形成是龍的作用。但是比起龍，謝肇淛似乎更肯定雷公產生雷電的作用，對此他用兩則親身見聞來論證，說道：

> 雷之擊人，多由龍起，或因雷自地中起，偶然值之則不幸矣。一云：「乖龍憚於行雨，往往逃於人家屋壁，及人耳、鼻或牛角之中。」所由令雷公捉之去，多致霹靂。然亦似有知不妄擊者。……余從大父廷柱幼時，婢抱入園中，雷下擊婢，婢走，雷逐之，入室安兒床上，而婢震死，兒無恙也。東郡馬生爾騋言其母，一日雷繞戶外，念東室漏，趨視之，大震一聲，有龍自其枕下出，穿屋而升，枕掀地上。此非人之幸，亦雷及龍之有知也。〔註102〕

此處雷的成因似乎有兩個，一個是由雷公擊龍，另一個是龍自地中升起。謝肇淛舉出俗說，說明龍因爲避雨而躲入屋壁、人耳鼻和牛角等空隙，因此雷公在捉拿龍時多半引起雷聲，他並以親伯父的經歷來舉例，雷公作霹靂而不隨便擊人，婢死而伯父無恙即是明證。另外，友人馬爾騋也有個體驗，某日房屋外充滿雷聲，馬母心念東室漏水而去查看，沒想到有龍從東室枕頭下穿越屋頂而上升。透過這兩則親身見聞，謝肇淛似乎是說，是雷公製造霹靂

〔註100〕 〔明〕謝肇淛撰：《五雜俎》，《物部一》，第167頁。
〔註101〕 〔明〕謝肇淛撰：《五雜俎》，《物部四》，第246頁。
〔註102〕 〔明〕謝肇淛撰：《五雜俎》，《天部一》，第12～13頁。

以捉龍而有雷震於屋外；雷電從地中出則是由於龍藏匿在屋壁、人耳鼻和牛角等空隙，就會招引雷公製造霹靂來捉拿，當龍受到驚嚇就會遁逃昇天，這從而解釋雷從地中起的現象，所以不單只有龍驅使雷電，雷公似乎也能導致霹靂。謝肇淛引用龍致雷電一說，似乎僅有沈括有類似見解，其說法源自佛書；雷公作霹靂一說則其來有自，《論衡》、《抱朴子》等漢晉朝典籍已有記載，顯示此說深入民間，經久不衰，有極強的生命力。然而雷公究竟是何物，謝肇淛不滿於前說，進行了更細緻的探究。他如是說：

> 《論衡》曰：「畫工圖雷公狀，如連鼓形，一人椎之」可見漢時相傳若此。然雷之形，人常有見之者，大約似雌雞肉翅，其響乃兩翅奮撲作聲也。宋儒以陰陽之理解釋雷電，此誠可笑。夫既有形有聲，春而起，秋而蟄，其為物類審矣，且與雲雨相挾而行，又南方多而北方少，理之不可曉者。……蓋其起伏不恒，或有辛遇之者。至於擊人，則非大故，不足以動天之怒耳。然而世之兇惡淫盜者，其不盡擊，何也？曰此所以為天也。使雷公終日轟然，搜人而擊之，則天之威褻矣。聖人迅雷風烈必變，不可以自反無缺，而遂不敬天怒也。〔註103〕

《論衡》中論述一幅雷公的圖畫，因此他認為雷公的形象漢朝已有之，形象是身前放置許多鼓並由雷公椎擊之，然而該如何解釋雷電時有時無，並不恒有呢？謝肇淛做出一個有趣的討論，他認為人非有大錯，不足以使天憤怒而引雷擊之，但是為何窮兇惡極者並未全遭雷殛，則是因為雷公若終日轟擊，天威盡失。此處謝肇淛似乎認為不只是龍，雷公也是雷電的成因。格外有意思的是，謝肇淛注意到以陰陽理論為基礎解釋雷電是宋人始流行的，在此前流傳著的認知是，雷公是一種特別的生物，生有類似母雞雞翅之物，拍打而產生雷響。那麼，何以證之？謝肇淛說明，因為雷公本身有形態有聲音，春天起而秋天蟄伏，雖然不清楚它為何總是伴隨雲雨共同出現，又南方多於北方，但雷公顯然是種生物，也因此宋人改以陰陽之理解釋雷電，非常可笑。

謝肇淛的觀點頗具意義。他引用《論衡》之說十分獨特，前人多不為之，用意是為雷公致雷的論點予以支持，而此處的雷公有著民間流傳已久的講法，雞形肉翅，與漢朝《論衡》之論述吻合，亦結合著《易》中雷為天地

〔註103〕　〔明〕謝肇淛撰：《五雜俎》，《天部一》，第 13 頁。

之長子，春起秋蟄的原則，同時亦帶有謝肇淛自身入仕後遊歷南方諸地的觀察，南方多而北方少，並總挾雲雨相行。這說明他以其長年的閱歷開始整合以往諸書所記載，分析不同時間與地域中對雷的論述，最終認為雷公致雷一說最具說服性，宋代理學家的陰陽相感一說反而與經驗不符合，不甚可信。這個見解頗具意義的是，不僅庶民之間認為雷公致雷，甚至是身為一方大員，博覽群書的謝肇淛經過析辨以後也認同此說，似乎說明雷公致雷較陰陽氣論等說法更廣為人們接受。那麼，雷公是否是在地上生活的生物呢？謝肇淛對此似乎是否定的，他如是說：

> 今嶺南有物，雞形肉翅，秋、冬藏山土中，掘者遇之，轟然一
> 聲而走，土人逐得，殺而食之，謂之雷公。余謂此獸也，以其似雷，
> 故名之耳。彼天上雷公，人得而食之耶？〔註104〕

　　嶺南的確有雞形肉翅，但並非母雞的生物，秋冬之際藏匿在深山的土中，遇人挖掘則發巨聲遁走，時人以此為雷公。對於這種認知，謝肇淛辨析說這種生物只是貌似雷公而得名，並不是真的雷公，在天際間致雷電的雷公是不可能為人所擒食的。由此可知，謝肇淛同樣認同自漢朝以降，廣為流傳的雷公雞型肉翅的形象。

　　綜合上述，謝肇淛似乎認為陽氣迸發、龍和雷公都是雷電產生的個別成因。雷公不只是引椎擊鼓而生雷，其形象類似母雞，具備肉翅可奮撲作響，也是雷聲的來源。若再深究，可以發現謝肇淛關於陽氣迸發成雷的想法來自朱熹已降的宋明理學；雷公源自《論衡》以降的流傳之說，從徐堅《初學記》引用《易》說法可知，漢朝時雷公之說似乎就逐漸成形，它是一種春起秋伏的特殊生物；龍致霹靂則無法推知起源，但龍致雲雨的說法倒是在《初學記》即以記載，〔註105〕也許此說慢慢經過流傳，龍便逐漸被賦予操縱雷電的能力。雖然謝肇淛在《五雜俎》中論述雷電的產生是多因的，但若說要有主因，則實屬雷公。除了上述論述的雷公傳說與親身見聞，謝肇淛亦具備極強的觀察精神，發現一個特別的事例，他如是說：

> 余舊居九仙山下，庖室外有柏樹，每歲初春，雷必從樹傍起，
> 根枝半被燋灼，色如炭云。居此四年，雷凡四起，則雷之蟄伏似亦

〔註104〕〔明〕謝肇淛撰：《五雜俎》，《天部一》，第 13 頁。
〔註105〕〔唐〕徐堅等撰，《初學記·上冊》卷 30，《鳥部鱗介部蟲部》，《龍第九》，第 738～739 頁。

有定所也。〔註106〕

　　在舊居廚房外的樹旁，謝肇淛在四年內觀察了四次這樣的現象，每年春天初時雷都從此樹旁離地而起，樹根和樹枝因此被燒焦一半，藉由觀察雷起處，他猜測雷蟄伏之處也是固定的。這則是他親身印證雷從地中出與肯定雷公春起秋蟄的事例。

　　然而謝肇淛的觀察可能是時人中出類拔萃的，明朝普及於庶民社會的日用類書有若干種對雷電的說法，相對於他的觀察，這些內容僅是摘抄傳統經典的論述。譬如陽龍子編的《鼎鋟崇文閣匯纂士民萬用正宗不求人》（1607 A.D.）〔註107〕說道：

　　　　〔雷說〕陰陽相薄，感而為雷，激而為霆。《淮南子》。雷，天之鼓。《抱朴子》。仲春之月雷乃發聲，仲秋之月雷乃收聲。《月令》。義興人姓周，永和中寄宿道邊女子家，一更中聞有小兒喚阿香，云：官喚汝推車。女子辭去，忽驟雷雨。明朝視宿處乃一新冢。《搜神記》。雷州春夏多雷，秋日則伏地中，其狀如黿，人取食之。《國史補》。〔註108〕

　　　　〔雷說〕電謂之雷光《五經通義》。有聲曰雷，無聲曰電。《公羊》。月支獻猛獸，兩目為天磤碑之炎光。《太平廣記》。天公與玉女投壺嫡而脫誤不接者，天為之笑，所以為雷。《神仙傳》。〔註109〕

　　《鼎鋟崇文閣匯纂士民萬用正宗不求人》中對雷的闡釋，十分清晰地附錄出說法的根據。自漢朝的《淮南子》、《抱朴子》、《月令》至東晉《搜神記》到唐朝的《國史補》，上述它所紀錄的論述也大多都為其他類書所收錄，意味這些論述的生命力極強，不僅流傳的時間久遠，同時亦深植庶民的認知之中。至於電，陽龍子除了引述《五經通義》和《公羊傳》的經典論述外，

〔註106〕〔明〕謝肇淛撰：《五雜俎》，《天部一》，第13頁。

〔註107〕陽龍子所撰《鼎鋟崇文閣匯纂士民萬用正宗不求人》為一35卷本的日用類型類書，據陽龍子引序可知，是編乃取諸天文、地輿、紀圖及《山海經》、《博物志》、《怪異符錄》、《諸夷傳》、《南越傳》、《西域紀》等，刪繁就簡，匯纂而成。

〔註108〕〔明〕陽龍子編，《鼎鋟崇文閣匯纂士民萬用正宗不求人》，收錄於中國社會科學院歷史研究所文化室編，《明代通俗日用類書集刊》（重慶：西南師範大學出版社；北京：東方出版社，2011，據明萬曆三十五年潭陽余文臺刊本影印），《天文門一卷》，《雷說》，第15b頁（總頁227）。

〔註109〕〔明〕陽龍子編，《鼎鋟崇文閣匯纂士民萬用正宗不求人》，《天文門一卷》，《雷說》，第15b～16a頁（總頁227）。

同時引用了《太平廣記》和《神仙傳》的傳說來說明雷電。相對於傳統的陰陽氣論，這些說法有著明顯的簡捷性與故事性，可以看出陽龍子在編輯類書時特別考慮到庶民追求認知的簡捷性，以此來闡述雷電。同類型的日用類書中，陳允中編寫的《新刻群書摘要士民便用一事不求人》〔註 110〕也呈現出類似的性質，雖然它摘抄出不太一樣的內容來說明某種特定的雷。譬如他說道：

> 〔天雷〕無雲而雷者。《五行傳》曰：雷者，天鼓也。無雲而雷當有暴兵。〔註 111〕

當天空沒有烏雲而發出雷聲時叫做天雷，《洪範五行傳》〔註 112〕記載著雷是天空中的大鼓，當天雷出現時將有兵災降於世間。這記述著一種占卜上的認知，經由日用類書而在庶民之間中廣為流傳。

綜合言之，唐宋佛道兩教的興盛似乎讓傳統以降的經典解釋性有所下降，借由這股潮流，時人對雷電的見解也轉趨不同。朱熹與方逢辰以陰陽氣論來重新詮釋是一種偏向形而上思辨的方法，宋慈與岳熙載的親身觀測則是帶有另一種極強的實測精神，基本上跳脫了傳統以降的雷電認知。這透露出宋朝以降的思想論域已不同於唐，發生了極大的改變，因而連帶地影響到人們對雷電的知識來源，時人對雷電的解釋形成出多因分呈，兼容並立的情況。

進入明朝，程登吉與謝肇淛以不同的知識來源進一步闡釋雷電成因，說明了傳統中國在雷電認知上不僅是多因分呈，同時具有知識分層的狀況。程登吉描述的，是源自於漢朝以降的民間傳說，道教色彩濃厚。〔註 113〕雖然

〔註 110〕陳允中撰寫的《新刻群書摘要士民便用一事不求人》為一 22 卷本的日用類書。

〔註 111〕〔明〕陳允中編，《新刻群書摘要士民便用一事不求人》，收錄於中國社會科學院歷史研究所文化室編，《明代通俗日用類書集刊》（重慶：西南師範大學出版社；北京：東方出版社，2011，據明萬曆書林種德堂本影印。），《天文門卷一》，《天雷》，第 2a 頁（總頁 428）。

〔註 112〕「史記秦二世元年，天無雲而雷。向以為雷當託於雲，猶君託於臣，陰陽之合也。二世不恤下，天下萬民有怨畔之心。是歲陳勝起，天下叛，趙高作亂，秦遂以亡。」〔漢〕劉向撰：《洪範五行傳・卷上》，收錄於嚴一萍選輯：《四部分類叢書集成續編・13・漢魏遺書鈔》（臺北：藝文印書館，1970，據清嘉慶三年金溪王氏刊本影印），第 19 頁。

〔註 113〕北宋時期道教興盛，神霄、清微諸派崇尚雷法，於是，雷之功能不僅在於施雨，而且擴大到了主天之禍福，持物之權衡，掌物掌人，司生司殺，兼及抗

　　《幼學瓊林》本質是爲啓蒙幼童所作，但正因其說具有蒙學色彩，這很可能
就是程登吉本人的眞實認知，或是庶民普遍的認知。相對於程登吉偏向道教
的解釋，謝肇淛則是相反的典型，他博覽群書且實際走訪各地以觀察雷電現
象，故其對雷電的理解十分深刻，也相當罕見。他認爲陽氣迸發、龍和雷公
都是雷電產生的成因，但是其主因則多半與雷公有關。由於他對宋儒以陰陽
氣論闡釋雷電持否定態度，且較爲尊重自身的見聞與實地觀察，這也說明宋
明士子在認知雷電上時並不總是承襲前人，或是遵從經典古說。宋明之際，
人們的雷電認知呈現多因分呈，並無一明顯且統一的解釋。

金。時至明清，道教與民間傳統宗教與迷信結合，深入民間。任繼愈主編，《中
國道教史》，第 464～478、673～676 頁。

第 3 章　西學東漸下的知識交融

利瑪竇（Matteo Ricci，1552～1610）〔註1〕來到中國標示西學東漸的開始，在他與後繼深究，筆者認爲這個時期的知識轉變與先前的變化來源上大相逕庭，是源自於西學東漸。傳教士開始帶來了新的自然律觀念後，雷電的自然知識逐漸演化成以自然律來作解釋，傳統自然知識的比重一度愈益降低，自然律解釋則隨之增加，因此導致傳統解釋逐漸消失和衰落，但是經過了康熙在中斷西學東漸的過程，傳統論述在兼容西學遺緒後再度形成主流，第一次西學東漸的痕跡幾乎消失殆盡，直到第二次西學東漸在晚清形成壓倒性的論述，將中學逼到「中體西用」的角落爲止。這個過程中值得注意的是，類書中處理雷電認知的方法其實並無太大改變，仍舊以耙梳群書作爲基礎，間以經驗觀察爲輔助，但是引用西書的比重，質疑和批評陳說的論述逐漸增加，則呈現明清士人受西學的影響亦逐步增加。

3.1　明清之際的雷電新知兼容

熊明遇是明末首批接觸西書的士人，他在《格致草》討論雷電就產生極爲特殊的說法，以往未曾出現過。他說道：

〔註1〕利瑪竇，意大利人，耶穌會教士。1583年來華，以精於天文學聞名。1596任廣東韶關傳教區會長，1601年進入北京，進呈貢物，康熙對自鳴鐘尤爲喜愛，除利瑪竇外，京中無人能開動此鐘，利瑪竇得以長留北京有賴於此。1610年辭世，終年57歲。利瑪竇開創了新的傳教方式，他在宣揚福音以前，深入研究中國文化，直探中國文化的智慧寶藏。泰西科學輸入中國，肇始於此。臧勵龢等編：《中國人名大辭典》，第305頁。

雷屬火，春夏地氣上升，皆因日近，照地成熱。日爲火母，下火上親，騰踔而起，又挾水土之氣，合迸上衝。火性專直，既欲發越，又被濕雲水氣圍抱壅隔，陰陽相薄，激而成聲，如釜中煮水，覆以釜蓋，水沸湯湯，其勢然也。水土之氣挾帶微質，略如硝炭，火勢發越，逢其質氣，閃爲電光，火迸土騰，土經火煉凝聚成物，物降於地，是爲霹靂之楔矣。或曰：人間畫雷，象如鬼神狀，又有見雷如飛鴨形者，是耶非耶？曰：氣之所聚，即化爲神，如人身氣旺，便自神狀。天行元氣，豈無神司，偶落幾目，變爲影像，是雷之神，非雷之體。雷體在火，故電光可見而雷不可見，畫者作持斧椎鼓狀，世俗之陋也。〔註2〕

雖然熊明遇認同陰陽相薄，激而成聲的說法，他卻給予一個與傳統差異頗大的解釋。由於日光照射大地，因此地上的水土之氣相互挾雜上升，太陽爲火氣的根源，空氣中的火氣被上升的濕冷水氣包覆於其中，是以導致陰陽相薄，互相壓迫而成雷聲。這個過程與鍋子中煮水，沸騰時滾水上下翻動頗爲類似。值得注意的是，這裡熊明遇雖然使用的是傳統的陰陽相薄，激而成聲的概念，但是導致會有此一現象發生的背後原因卻從氣論的基礎被置換成亞里士多德的氣象學原理，日火照地成熱，火元素挾雜水和土元素回歸到自然位置時，被大量濕的氣元素包覆，進而相互壓迫而產生雷聲。〔註3〕熊明遇顯然是本質上認同亞里士多德的自然哲學的，但是當時他遭遇的困境是中國人並不是以四元素理解事物的變化，而是陰陽氣論與五行學說，因此他不得不以傳統論述來進行置換與中和，乍看之下似乎並未脫離成說，實則背後原理與傳統論述大相逕庭。

同時，熊明遇也認爲上升的土氣是形成閃電與霹靂楔的直接起因。水氣和土氣中會挾帶些微類似硝石或煙餘黑灰的物質，接觸到火氣時閃爍成雷光，即是閃電；土氣本身經火氣淬煉成形，落地即是霹靂楔。這種解釋亦完全不同於以往雷公遺落，或是氣聚渣淬成雷斧的說法，而是更明確地將霹靂楔的成因歸結到上升的土質受火氣的淬煉，閃電則是特定土質燃燒後發光的

〔註2〕〔明〕熊明遇撰：《格致草》（收錄於任繼愈編《中國科學技術典籍通匯・天文卷》，鄭州：河南教育，1995），〈氣化〉，〈雷電〉，第90a～91a頁（總頁105～106）。

〔註3〕〔古希臘〕亞里士多德撰，吳壽彭譯：《天象學・宇宙論》（北京：商務印書館，2009），卷一，第四章，第40～43頁。

結果。根據馮錦榮和徐光臺的研究，〔註4〕當熊明遇感到傳統不足以解釋天空中的各種氣象與背後成因時，他便嘗試採用經由耶穌會士譯介來的亞里士多德體系的三際說和四元素說，〔註5〕他也大量地閱覽如利瑪竇《乾坤體義》、《坤輿萬國全圖》；李之藻編刊的《天學初函》、傅汎際《寰有詮》、高一志《空際格致》、徐光啓和李天經監修的《崇禎曆書》、湯若望的《遠鏡說》和《西洋新法曆書》等書籍，〔註6〕因此可知此一說法是根據耶穌會士所帶入的西方自然哲學而來，並非由傳統類書所論證出來的結果。〔註7〕

　　重新闡述雷電成因後，熊明遇開始反駁雷公本身的存在，雖然乍看仍與前人認知相似，但是落入解釋細節卻大不相同。他認爲雷的本體不可見，而雷的形象源於氣的聚集，偶然成爲如鬼神、飛鴨等影像，其原理跟人體精神狀態好，使氣聚集而成象相同。雷的本質屬於火氣，人們觀察的只是雷衍生出的電光，並非雷的本體，後世畫家捕風捉影畫成雷公持斧椎鼓，轉而認爲此爲雷電本質，是歷代流傳的錯誤。熊明遇不僅引用耶穌會士帶入的自然哲學說明此一觀點，〔註8〕更考據大量文獻來強調古人即持類似說法。他在《格致草・格言考信》中說道：

　　　　《莊子》曰：陰陽交爭爲雷。《易》曰：雷地出奮豫，又曰雷風

〔註4〕馮錦榮撰：《明末熊明遇《格致草》内容探析》，《自然科學史研究》，1997，第 16 卷第 4 期，第 310 頁，第 321 頁；另徐光臺撰：《西學傳入與明末自然知識考據學：以熊明遇論冰電生成爲例》，《清華學報》新 37 卷第 1 期，2007，第 146～147 頁。

〔註5〕亞里士多德的三際說是月下世界到地面之上的空氣層包含冷際、溫際、熱際等三個層次；四元素說則是月下世界的物質是以土、氣、水、火四種元素所構成。元素會依照它們的自然本性回歸到其自然位置，譬如火元素會回歸火際。戴維・林德伯格（David C. Lindberg）撰，王珺譯：《西方科學的起源》（北京：中國對外翻譯出版公司，2003），第 57～61 頁。

〔註6〕黃見德撰：《明清之際西學東漸與中國社會》（福州：福建人民出版社，2014），第 34～42 頁。

〔註7〕「當初造物者，欲創作萬物於寰宇，先混沌造四行，然後因其情勢，布之於本處矣。火情至輕，則躋身於九重天之下而止；土情至重，則下凝而安天地之當中；水情比土而輕，則浮土之上而息；氣情不輕不重，則乘水土而負於火焉。」朱維錚主編：《利瑪竇中文著譯集》（香港：香港城市大學出版社，2001），《乾坤體義》，卷上，第 614 頁。

〔註8〕「火爲四行之淨精也。火在其本處，近天則隨而環動，每日皆作一周。此係元火，故極淨甚炎而無光焉。無光者何？無薪炭等體以傳其光，故爾若遇一外物沖照，則著而發光矣。」朱維錚主編：《利瑪竇中文著譯集》，《乾坤體義》，卷上，第 614 頁。

相薄。《穀梁傳》曰：陰陽相薄，感而爲雷，激而爲霆。《史記》曰：
霹靂者，陽氣之動也。《說苑》曰：電，陰陽激耀。《論衡》曰：圖
畫之工，圖雷之狀，晶晶爲連鼓，又圖一人若力士，謂之雷公，使
之左手引連鼓，右手椎之。世人莫不爲然，原之虛妄之象。《班史》
曰：雷電㲋蚖，霹靂夜明者，陽氣之動者也。〔註9〕

　　熊明遇在此舉出《莊子》、《易》、《穀梁傳》和《說苑》四書內容論證陰陽相薄而爲雷，又另舉《史記》和《漢書》二書論證霹靂歸因於陽氣之動，雖然諸書論雷可分爲兩類不同的成因，但卻都是以氣的運動來解釋雷電，與雷公無關。這說明熊明遇支持上述傳統以降的雷電認知論述。同時，熊明遇亦借著引用《論衡》來說明，雷公形象是虛妄之象，這些都是他認爲於史有據，且符合雷電成因的說法。相反地，他亦稍後開始質疑若干史載的雷電記載是否正確。譬如他在《格致草・渺論存疑》中質疑道：

　　　　《韓詩外傳》曰：東海上有勇士曰災丘訢，以勇遊於天下。過
神淵飲馬，馬沉，訢去朝服，拔劍而入，三日三夜殺二蛟龍而出，
雷神隨而擊之，十日十夜眇其左目。《投荒雜錄》曰：雷人陰冥雲霧
之夕，呼爲雷耕，曉視田中，必有開墾之跡，有是乃爲嘉祥。《神異
經》：東王公與玉女投壺，嫻而脫誤不接者，天爲之笑，開口流光，
今電是也。〔註10〕

　　像是《韓詩外傳》記載的雷神擊瞎災丘訢左目，或是《神異經》的天笑流光而致雷電，都是熊明遇認爲必須存疑的事情。《投荒雜錄》裏記述的雷耕，則是由雷人趁陰霧之夕在田地上的開墾之跡，看似遺留了些許迹象，但是若與《格致草・格言考信》稍加比對，即知熊明遇認爲這些說法有待考察的根本原因，即是不以氣的運動來解釋雷電，由此可看出他試圖排除任何不以氣爲解釋基礎的記載與說法。

　　最後，以往人們探討雷電總是認爲其成因是獨立且單一的，無論是陰陽相薄、鬼神相感、雷公致電，抑或龍取珠。這個情況在熊明遇身上開始變化，他開始認爲雷電並非一單獨的現象，而是與其他自然現象有著類似的成

〔註 9〕　〔明〕熊明遇撰：《格致草》，《氣化》，《雷電》，《格言考信》，第 90a～91a 頁
　　　　　（總頁 105～106）。

〔註 10〕　〔明〕熊明遇撰：《格致草》，《氣化》，《雷電》，《渺論存疑》，第 91b～92a 頁
　　　　　（總頁 106）。

因，如彗星、雨土、天鳴和地震，形成雷電僅是因爲相同過程的細微差異始然。譬如他說道：

> 彗屬火，火氣從下挾土上升，不遇陰雲不成雷。雷凌空直突此二物，至於火際，火自歸火，挾上之土輕微熱乾，略似炅煤乘勢直衝遇火便燒，狀如藥引，今夏月奔星是也。其土勢大盛者，有聲有跡，下復於地，或成落星之石，與霹靂楔同理。〔註11〕

> 雨土，火氣挾土而上，水氣輕微不能成雨，土分濃重，降下皆土。雨麥雨豆者，非眞豆麥，亦火煉土氣而成象，其土之所產，與落楔隕石同理。〔註12〕

彗星與雷皆屬火，是火氣在地上挾土而上之物，因爲沒有碰到陰雲將火氣包覆其中，故未成雷。當火氣回歸火際，所挾之土同入火際而經過焚燒，即產生天際中的彗星現象；若土量大而無法焚燒殆盡，則成爲落星之石，與霹靂楔成因相同。天空中掉落土塊也與此理相同，因爲火氣挾土而上，未遇大量水氣，不能成雨和雷電，是以土氣依照重量分別下落，遂成此一現象，其原理與霹靂楔、隕石相同。明顯地，熊明遇認爲彗星與雷屬火，結論雖與朱熹持論類似，但其中概念卻差異極大。他使用三際說的理論來說明火氣挾土而上而形成的不同現象，雷電與彗星最大的分別只是沒有遭遇陰雲水氣，因此成象不同，隕石、霹靂楔和雨土在成因上更幾乎相同，只是隕石生成於更高的火際，霹靂楔遭遇到水氣，雨土則沒有遭遇水氣，其成因都是在空際經過火氣鍛鍊而成。這意謂熊明遇與前人不同，持續使用三際說與四元素說等共同的自然律解釋以往各自獨立的自然現象，宋明理學家雖然亦有此一傾向，但是熊明遇引用亞里士多德的理論卻令解釋的邏輯性格外清晰。另外，他討論天鳴和地震亦流露出類似想法，譬如他說道：

> 中和三年三月，浙西天鳴，若轉磨無雲而雷。夫天載無聲，可言鳴耶？此皆火至冷際，陰陽相搏而成響，與霹靂同理。〔註13〕

> 地如彈丸，極重者在中心，四面墳起，有竅相通，或如蜂窠，或如菌辮。水火之氣伏於其中，如人身之水火也。儒者爲地震陰有

〔註11〕　〔明〕熊明遇撰：《格致草》，《氣化》，《彗孛流星隕星日月暈》，第 92a～92b 頁（總頁 106）。
〔註12〕　〔明〕熊明遇撰：《格致草》，《變感》，《雨土雨粟》，第 105b 頁（總頁 113）。
〔註13〕　〔明〕熊明遇撰：《格致草》，《變感》，《天鳴》，第 103a～104b 頁（總頁 112）。

餘，非也。蓋陽氣噴盈欲舒不得舒，如人筋轉脈搖，亦與雷霆同理。〔註14〕

唐僖宗中和三年（883 A.D.），浙江西部因天無雲而雷聲突起，以往認為是天鳴。熊明遇則以火氣進入冷際，故陰陽相搏而成響聲，原理與雷聲相同，差別只在於雷聲是地上的火氣上升到空中，天鳴則是最高空的火氣下降到低空之中。他在此處似乎認為，天鳴與雷聲皆是陰陽相搏而成象，只是天鳴未遭遇陰雲水氣，而是火氣直接進入冷際之故。地震的原理也十分類似，以往士子認為是地下陰氣有餘，〔註15〕但事實卻是地層裏住陽氣，使其閉塞不能噴發，道理與火氣遭遇陰雲水氣包覆而成雷聲一致，雖然包覆陽氣的對象轉為土氣，卻產生出類似的效果，即是陽氣迸裂噴出而產生震盪。

毫無疑問地，熊明遇在自然知識的來源大量參考了耶穌會傳教士帶來的西學，引入了亞里士多德的自然律，使他的自然知識與西學連結，形成表面遵循傳統，實則本質不同的異源融和。然而在方法上，熊明遇仍是採用傳統類書的編寫方式，以引述各家說法並兼帶論辯的方法處理知識。與沈括與謝肇淛夾雜大量的親身觀察和經驗不同，熊明遇引用大量的書籍來撰寫《格致草》，與傳統的類書編纂形式十分類似，但差異之處在於他嚴格析辨以往文獻的真實與存疑，並認定氣是導致雷電的唯一因素則又與前人認為雷為多因導致大不相同。

熊明遇的認知部分地影響到稍晚的方以智，使他在《物理小識》討論雷電產生出一種傳統色彩更濃，卻仍與西學兼容的奇妙融合。他在《雷說》中說道：

> 陽在內而欲出，故聲。朱隱老注邵子書，言八種雷。《本草》載霹靂楔治驚失心，殺蟯止瀉，置箱鬪蛀。陳蘇紹得雷錘，重九斤。宋沈括於震木下得雷楔，似斧而無孔，鬼神幽微不可究極。愚者曰：此亦通理，因而約皆心也，皆鬼神也，亦冒通耳。質測家曰：火挾土氣而上，急迫之際，火焚而上附天，土成澤而下，星隕為石，亦非星也。時珍言龍口有火光，皆非火也。燥鬱而氣旋，則為閃光，

〔註14〕〔明〕熊明遇撰：《格致草》，《變感》，《地震》，第 106a～106b 頁（總頁 113）。
〔註15〕譬如范甯注解道「劉向云：雷未可以出，電未可以見。雷電既以出見，則雪不當復降，皆失節也。雷、電，陽也。雨、雪，陰也。雷出非其時者，是陽不能閉陰，陰氣縱逸而將為害也。」〔晉〕范甯注：《春秋穀梁傳》，卷二，《隱公第一》，第 177 頁。

高峰視其下，雷雨如漚發，非明徵耶？燒樹及物，陽從直出，觸之則焚，焚則有焦，焦則如墨耳，《雷書》劉恂以礜石當之。李肇言雷川多雷，秋則伏蟄，人掘地食之，妄矣。此自雷州近陽，土中生物如封之類。〔註16〕

　　首先，方以智討論雷電成因沿用朱熹和方逢程的觀點，主張「陽在內而欲出」。同時，霹靂楔也成爲討論焦點，他引用李時珍《本草綱目》與沈括的記載來說明霹靂楔的功效與型態，顯示他不唯接受士大夫的類書傳統論述，同時也注意到醫學與本草學的紀錄。但與傳統有所區別的是，他開始記錄「質測家」這類人對雷電的特殊見解，似乎有相當部分是與熊明遇論學而得來。〔註17〕有別於以往雷電多元的成因，質測家主張火氣與土氣迫近產生雷聲，而土氣經火氣焚燒後零星下落的則成爲霹靂楔，而非星落。氣體炎熱積鬱而旋轉則爲閃電，有一個證據是，站在高山往下看雷雨發生處，雷雨就像水泡般發生。此處方以智似乎想以水泡折射光線的現象來說明電光的產生，觀察者在地上看到天空中的電光，實際上是高山的觀察者在雷雨發生處看到的水泡折射光，因爲氣體炎熱導致旋轉，就會產生出類似沸水翻騰般上升的氣泡，氣泡折射光線即是閃電。以火氣與土氣的作用解釋雷聲與霹靂楔，明顯與熊明遇的解釋方式相同，因此「質測家」應即是耶穌會傳教士和與之親近的明末士子如徐光啓、李之藻和熊明遇等人。但是有意思的是在閃電成因上，方以智並未認同熊明遇的論點，而是給出了不同的解釋，使雷與電的成因有所區別，這則迥異於西學中的亞里士多德傳統。

　　此外，方以智認爲雷電焚物是因爲被包覆住的陽氣觸碰到物體而溢出，是以物體焚燒，而後會焦黑如墨一般，劉恂於《嶺表錄異》〔註18〕視爲黑色玻璃玉石。與謝肇淛相同，他同樣反駁李肇的觀點，說雷州多雷公，可以在秋天它們蟄伏時挖掘食用是不可能的。接著，他開始引述友人揭暄（1613～1695）〔註19〕的說法，引述說：

〔註16〕〔明〕方以智撰：《物理小識》（上海：商務印書館，1937），卷之二，〈雷說〉，第36頁。

〔註17〕馮錦榮：《明末熊明遇《格致草》內容探析》，第325～326頁。

〔註18〕《嶺表錄異》全書共三卷。唐劉恂撰。此書與《北戶錄》同係記述嶺南異物異事，也是瞭解唐代嶺南道物產、民情的有用文獻。其中記載最多的是嶺南人的食物，尤其是各種魚蝦、海蟹、蚌蛤的形狀、滋味和烹製方法，嶺南人喜食的各類水果、禽蟲也有記述。

〔註19〕揭暄，字子宣，號韋綸，江西廣昌人。明末清初著名的軍事理論家、天文學

暄曰：雷乃太陽之氣生於雲中，爲陰氣所束。陽氣屬火，雲氣
屬水，以水淬火，與相激爭，故發爲震撼而觸之者碎。以其陽氣，
故春生秋滅。北方寒，有無雷之國；南方熱，有無日不雷之境也。
或云：雷有如鳥、如豕、如猴諸異相，能殺人，此乃陽氣所生之
物，乘陽而出，故渾身屬火，猶水中生鯨鱷能殺人。人亦得以制之
耳，有時夾於樹中，鋸而後拔；有時入於人室，不能遽出；有時伏
地如麂，掘之可食；楊道和鉏折其肱，趙陀將與之相格；雷州民揮
刀踣之，血流於地；服正遇之魚佩，翁次之羽，半石之艸，皆得以
卻之。遺楔如斧，固煙與火土結成者也，觸人作字，則煙暈汗流，
黑晰相間者也。曾見三丈之內，發無彈之藥，銃中人，人爲火器衝
仆，其面黑汗成文，不可推耶，至於附氣靈應，神之格思，不可度
思，茲且窮質測耳。〔註20〕

雷是在雲中生成的純陽之氣被陰氣束縛所導致。陽氣屬火，雲氣屬水，
是以水火接觸而相互激盪，產生出強烈的震撼。同時，雷的基礎是陽氣構
成，所以春天陽氣漸增而生，秋天陽氣漸弱而息，同理，北地陽氣弱者，可
能終年無雷，南地陽氣盛者，可能頻雷。從此得知，揭暄與方以智想法近似
卻解釋更加細緻，同樣是延續朱熹和方逢程的觀點出發，但將水氣直接指向
雲氣，以水氣與火氣相接觸來闡釋雷電，較傳統以降的「陰陽相薄，感而爲
雷」的論述更爲精確。雖然水氣與火氣相激盪的想法在漢代已有王充述及，
但是揭暄顯然並非參考其說，而是接受了陽爲陰束的理學論述，同時亦融合
了耶穌會傳教士的自然哲學觀點，譬如霹靂楔爲火氣淬煉土氣而結成之物。
〔註21〕此外與往昔學者不同在於，揭暄主張雷電產生震撼，可使物體破碎，

家和數學家。明末與其父及好友舉義兵抗清，而後聞父殉難，轉而歸隱不仕。
此後它潛心研究，涉及軍事、天文、歷史、地理、哲學等諸多領域，致力於
著述，耗費 50 年寫就《璇璣遺述》，獨立提出天體自轉思想，撰有《揭子性
書》、《揭子昊書》、《星書》、《火書》、《輿地》、《水注》等書。臧勵龢等編：《中
國人名大辭典》，第 1158 頁。
〔註20〕〔明〕方以智撰：《物理小識》，卷之二，《雷說》，第 36 頁。
〔註21〕方以智是認同揭暄這種說法的，譬如他記錄著觀看史書與聽聞父親講述，雷
電之中出現鐵索的現象。「雷電鐵索○茅元儀《野航史話》曰：南唐，陸昭符
刺常州，雷雨暴至，電光如金蛇繞案。昭符叱之，雷電遽收，惟得鐵索。此
亦異事當爲格物者立一案也。老父曰：余遊凌雲寺，雷電中忽飛一石長七尺，
乃信火氣騰迅，常遇物與挾而來。或曰怪乎。」〔明〕方以智撰：《物理小識》，
卷十二，《異事類》，《雷電鐵索》，第 291 頁。

這個觀點是前所未有的，與雷錘擊物之說不同，給予雷電現象另一種力的解釋。同樣地，方以智對此點似乎頗爲認同，故而錄之。〔註22〕

那麼，雷電的形象問題又該怎麼解釋？此處方以智引述旁人的說法，贊同雷是在陽氣之中所形成，故可在其中衍生成形態各異的生物如烏鴉、豬和猴子，就像是水中亦能形成鯨和鱷一般。基於此理，方以智認同以往的雷公傳說眞實存在，人們得以制服它，並且佩帶特定的魚骨、羽毛和草亦可以使雷退散。這裡，方以智別出心裁地解釋雷電形象的成因，認爲人們以往所見其實並非雷電形象，實則是產生於陽氣之中的雷電實體，他並以鯨和鱷等生物生於水中來類比加強其合理性。此一想法相當特別，不僅一舉解釋了雷電的形象與實體問題，也巧妙地將雷電的生成還原到「陽氣生物」的概念中。最後，方以智也對雷電觸人作字提出解釋，認爲是人體的汗水與雷電擊物的煙硝結合而成，至於更複雜的情況則無法度思。

經過上述分析，方以智顯然是認同「陽在內而欲出」的宋明理學家觀點，並且援引揭暄的解釋做進一步的闡釋。因爲雷電的本質是陽氣構成，故他一併以此基礎解釋雷電的形象和遺留物問題，然而經過思索，他同時覺得質測家與人們對雷電和霹靂楔記載的若干經驗值得參考，故連帶轉錄之。雖然方以智、熊明遇和揭暄三人都受到西學影響，但是明顯地方以智的雷電認知是以陰陽氣論與經驗見聞爲其基調，自然律雖不以三際說與四元素說來呈現，卻是以陰陽氣論的思維來貫徹所有自然現象。與熊明遇不同，方以智亦兼通中西學，然而他卻展現出一種往傳統論述回歸的傾向，這成爲清季以來的思想主流。

方氏學派的晚期人物游藝〔註23〕即已展現出類似的性質，他明顯受到老師方以智極大的影響，譬如在論述雷電的成因時游藝與方以智如出一轍，皆以亞里士多德三際說爲基礎。〔註24〕更進一步，他於《天經或問》中記述了

〔註22〕〔清〕揭暄撰：《璇璣遺述》（收錄於任繼愈編《中國科學技術典籍通匯‧天文卷》，鄭州：河南教育，1995），卷六，《雷雨異同》，第 11a～12b 頁（總頁372～373）。

〔註23〕游藝，字子六，號岱峰，明末清初建陽崇化里（今書坊鄉）人，宋儒游酢後裔。崇禎末年，熊明遇回建陽祖籍避難，游藝因此有機會向熊學習天文知識。游藝專心致志，刻苦鑽研，聽取師傳的中西科技成果，撰成通俗讀物《天經或問》一書，很有獨特見解，被收入《四庫全書》。臧勵龢等編：《中國人名大辭典》，第 1170 頁。

〔註24〕「【雷電】問：世謂雷之擊物也，電光耀其先而雷繼之，似此當有二神司之，

方以智對三際說的深入闡釋：

> 方師曰：惟火至純，不受餘物而能入於餘物。水土與虛氣則皆相容相受者也。海水夜明，燒酒能熱，是水有火分也。水體同重，惟酒則輕，是水有氣分也。積雪消之，砂土下凝，是水有土分也。雲氣上升，激成雷電是虛氣有火分也。雨露霜雪，虛升實降，是虛氣有水分也。地中最重，自心以至地面虛竅甚多，皆水氣、火氣與虛所行。虛氣與水火皆相接無際而能相化者也。地中之氣與水接，水隨氣到，即水所不到而土情本冷，氣遇其冷亦化爲水，故地中皆水也。日光徹地則生溫熱，溫熱入地積成乾燥，燥乾之極乘氣成火也。火氣盛必欲伸則乘氣衝上，遇雲雨所鬱裹者即迸裂成雷電也。〔註25〕

　　按照亞里士多德的世界觀，月下世界的土、氣、水、火四元素雖然各自有其自然位置，但無時無刻在相互混合。〔註 26〕游藝認同方以智的闡釋的現象，海水在夜裏發光與酒加熱後有溫度是水體中含有火；酒較水爲輕，是水裏含有氣；積雪消融後遺留砂土，是水含有土；雲上升後形成雷電則是氣含有火；雨露霜雪隨著雲升而後落下，是氣中含水。這說明著自然界的現象大抵不脫於四元素相互混合的道理。雷電同樣遵照此一自然規律形成，由於地面受日光照耀而內生火，火在累積之後需要上升以回到天際的自然位置，遇到雲氣與水氣包圍後即會迸裂形成雷電。有意思的是，方以智在這段敘述中爲了區分傳統的陰陽之氣與四元素說中的氣元素，進而創造出一個「虛氣」的概念，顯示方、游師徒二人已然開始思考如何在中西學術中融合出一個完滿的解釋方式。然而游藝顯然是在方以智的基礎上不斷地進行深化，譬如他

永無間者。乃何以春則發而冬必藏乎？曰：雷爲陽氣而屬火，春夏地氣上升，日行近天頂，人所居之地上爲天之頂。照地成熱則有雷。日爲火母，下火騰踔而親，又挾水土之氣合迸衝逼雲，中都被重雲圍裹，四圍冷濕之氣包火成圍，燃著勢昌，旁礴湧沸，冷濕亟欲斂聚。而下燥火又欲迸出，而上東奔西撞，所以轟轟猛勢相逼搏激，漲破雲竅。或如裂繒，或爲鳴鼓而成聲也。而水土之氣挾帶微質，略如硝煲，火熱發越，適映雲際。逢其質氣，閃爲電光，迅疾如金蛇。火迸土騰，土經火煉凝聚成物，是爲劈靂之楔矣。」〔清〕游藝撰：《天經或問》，收錄於王雲五主持，《四庫全書珍本四集》（臺北：臺灣商務，1973），卷四，《雷電》，第 13～14 頁。

〔註25〕〔清〕游藝撰：《天經或問》，卷四，《彗孛》，第 17～18 頁。

〔註26〕戴維・林德伯格（David C. Lindberg）撰，王珺譯：《西方科學的起源》，第 59～61 頁。

開始討論雷與電運動速度快慢問題，他說道：

> 然雷與電同體，火氣切雲，互相摩蕩，帶上土氣，一齊點著，
> 乃見電光。光相入目即呈，聲氣入耳少待。電光之後便繼急雷，此
> 則聞之遲速耳。或先聞雷而無電者，是燥火之氣與雲周旋，遇合亦
> 能發聲，未曾燃火也。或有電無雷，雷聲稍疏未曾摩蕩，而火已燃
> 也。夫雷有三種。一曰鑽雷，尖細如火焰，鑿空便過。一曰洴雷，
> 逢物不擊而燒散。一曰燒雷，是陰陽鬱怒之氣，地有惡氣適與之
> 感，會則震之，而經過便留火跡。有毒之物去毒，無毒之物留毒，
> 有去一毒而生一毒者皆燒雷之所致也。游熊曰：地若近陽，土中能
> 生物，如鳥、如豕之異形，非時觸之殺人。此乃陽氣所生之物，乘
> 陽而出，人得以制之。非雷也。〔註27〕

與熊明遇和方以智有著細微不同，游藝認為雷與電的構成原理相同，但
是雷聲並非「陽在內而欲出」造成，而是火切入雲氣，兩者相互摩擦而導致
雷聲，火中含有土氣則燃燒後產生電光。閃電瞬間就為人眼所捕捉到，雷聲
入耳的時間則需時較長。那麼，該如何解釋有電無雷，以及有雷無電的現象
呢？游藝的見解是，上升的火氣僅與雲氣摩擦而土氣並未產生燃燒，是以獨
有雷聲而不見電光；相反地，摩擦的並不激烈但是土氣已然開始燃燒，則只
有電光沒有雷聲。游藝進一步開始細分雷電，將空際中的雷電、擊到地面的
雷電，以及與地氣相感而擊中事物的雷電。最後游藝也再次辨析說，如鳥和
豬般的異形生物並非雷電本體，只是受陽氣影響而生成的生物，方以智與揭
暄同樣論述過此一說法，但游藝卻細緻地論述這些生物是源於日光致使陽氣
入地生熱，地氣熱極而成火上衝而生成生物異相。

綜上所述，雖然方氏學派的成員在討論雷電問題上呈現出強烈的中學西
兼容的態度，但是同時代的大儒胡世安（？～1663 年）〔註28〕卻明顯不採納
西學的說法，其見解源自於唐朝道士李淳風的《感應經》。他說道：

> 鱷似蜥蜴，一卵百子，或如白鼪，或成蒼兕，喙餘三尺，長尾

〔註27〕〔清〕游藝撰：《天經或問》，卷四，《雷電》，第 14～15 頁。

〔註28〕胡世安，字處靜、四川省資州直隸州井研縣人，明末崇禎初年同進士出身。
　　　　清初官至太子太師；楊慎《異魚圖贊》，間有自注，僅標所據書名，未暇備引
　　　　其說。世安既為之補，又於崇禎庚午博採傳記以為之箋，徵引頗極繁富。其
　　　　名實舛互者，於目錄之中各為駁正，亦殊有辨證。惟貪多嗜博，掛漏轉多。
　　　　臧勵龢等編：《中國人名大辭典》，第 688 頁。

利齒，岸楯渴虎，人肉爲胹，造化至仁，胡爲育此。《感應經》云：
聞廣州人說，鱷魚能陸追牛馬，水中覆舟殺人，值網則不敢觸，有
如此畏慎。其一孕，生卵數百於陸地，及其成形，則有蛇，有龜，
有鱉，有魚，有鼉，有爲蛟者，凡十數類。及其被人捕取宰殺之，
其靈能爲雷電風雨，比殆神物龍類。〔註29〕

　　李淳風似乎認同鱷魚與龍類相似，其靈皆能招雷喚雨，胡世安在研究鱷
魚時亦認可此說，因而引用了李淳風的說法。雖然胡安世的重點擺在論述鱷
魚的樣貌似蜥蜴，卵生且生性兇殘，令人無法理解爲何上天孕育這種魚類，
但是他引用了李淳風的說法顯然是爲了添增更多關於鱷魚的觀察。唐朝李淳
風的《感應經》似乎早已亡佚，然而《感應經》的文字卻間接地通過宋朝類
書《太平廣記》、明朝愼懋官的《華夷花木鳥獸珍玩考》〔註30〕而傳鈔至今。
這說明相對於西學的三際說與四元素說，胡安世更看重傳統士子的論述，而
認定鱷魚類似龍，亦能招雷喚雨。

　　進入康雍乾的清朝盛世，西學知識在中學內的痕跡似乎日益模糊，康熙
（1654～1722）〔註31〕在這個時期應是一個典型。儘管他受到傳統儒家學術
的薰陶，又對耶穌會士帶入中國的自然哲學頗有鑽研，是以人們常有一種錯
覺，即是西方自然哲學影響康熙的格物知識頗深，然而《康熙几暇格物編》
中卻顯示出他在討論雷電時，主要是延用了傳統以降的認知。譬如他說：

霹靂砧，形質各殊，隨地而異。今各蒙古瀚海沙漠等處，嘗拾
得銅鐵，或如槍頭，或如箭鏃錐刀之類者，蓋雷斧也。《雷書》云：
雷斧，銅鐵爲之，盛京、烏拉諸地則皆石，色微青黑而通明，映之

〔註29〕　〔明〕楊愼撰：《異魚圖贊》（北京：中華書局，1985），卷一，第4頁。〔唐〕
　　　　　李淳風；樂貴明校：《李淳風集》（北京：中央編譯出版社，2012）卷一，《感
　　　　　應經其十一》，第23頁。〔宋〕李昉：《太平廣記》（北京：中華書局，1961），
　　　　　卷四百六十四，《水族》，《鼉魚》，第3817頁。
〔註30〕　〔明〕愼懋官撰。懋官字汝學，湖州人。是書凡花木考六卷，鳥獸考一卷，
　　　　　珍玩考一卷，續考二卷。
〔註31〕　〔清〕愛新覺羅·玄燁，大清聖祖仁皇帝，爲清朝第四代君主，年號「康熙」，
　　　　　史稱康熙皇帝。康熙重視對漢族士大夫的優遇。他崇尚儒學，尤其是朱熹理
　　　　　學，曾多次舉辦博學鴻儒科，並親臨曲阜拜謁孔廟。康熙對基督教與西方文
　　　　　化也十分感興趣，向來華傳教士學習代數、幾何、天文、醫學等方面的知識，
　　　　　本身也頗有著述。康熙另使官員編修《康熙字典》、《古今圖書集成》、《曆象
　　　　　考成》、《數理精蘊》、《康熙永年曆法》、《康熙皇輿全覽圖》等圖書、曆法和
　　　　　地圖。

> 螢如玻璃。其在西洋者，石色沈綠明澈，無異此雷楔也。《博物志》
> 云：人間往往得石，形如斧刀，名霹靂楔者，是矣，又有雷墨、雷
> 鑽、雷錘，不過以狀異名，要皆金石質也。唐人小說爲玉門西有雷
> 廟，國人年年出鑽，以給雷用，是誠謬言。夫雷火所至，萬物具化，
> 斧楔乃雷氣之所化耳。其或金或石者，隨地氣而使然也。〔註32〕

霹靂砧即雷楔，康熙注意到這種東西是隨地方不同而有所差異，他在瀚海沙漠中曾親自拾得雷斧若干，其形式與《雷書》、《博物志》等書所載大同小異。因此，康熙得到一個結論，古稱之雷墨、雷鑽與雷錘等物，不過是形狀不同的同一種物體。他認爲雷楔是雷氣所化，雷火將地上的金石融化而後形成雷楔，此一說法不同於以往的雷神遺落抑或土經火氣燒煉而墜落，而是主張雷氣受各地表上的金石性質不同，故隨之化成的雷楔也不盡相同。

康熙在此的認知頗有意思，其見解雖繼承傳統以降的陰陽氣論，卻回歸到經驗基礎爲主，而自行創造出雷氣一說。在康熙以前，並未有人提過雷氣一說，主要是以陽氣與火氣來做出解釋，康熙的雷氣之說是一個新穎的認知，但由於會形成雷火，故似仍與火氣相關。此外，雷楔並非如亞里士多德三際說一般成形於空際，而是雷氣下降至地面溶化金石而成，這也十分新穎，爲前人所未提及。檢視康熙的知識來源，除了經驗基礎之外則以《雷書》、《博物志》爲根據，並區分唐人小說荒謬的部分，對雷廟一說展開批評，這顯示他的知識來源仍以傳統中學爲主，並且回歸到傳統的氣論之中。西學在其論述已少見痕跡，只能在其認爲雷電爲單一成因，而非多因並存的部分得到體現。

稍晚的鄭復光（1780～ca. 1853）《費隱與知錄》〔註33〕亦有類似的傾向，其對雷電的認知源於西學的極少，而主要以理學與古人經驗見聞爲主展開論述。他說道：

> 問《東華錄》言：雷擊物必完好無損傷者，樹有枯枝、馬剪耳

〔註32〕〔清〕愛新覺羅·玄燁，李迪譯注，《康熙几暇格物編譯注》（上海：上海古籍出版社，1993），上之中，《雷楔》，第 86 頁。

〔註33〕鄭復光，字符甫、瀚香，安徽歙縣人，清代著名科學家。精通數學、物理與機械製造。1846 年寫成《鏡鏡詅癡》第 5 卷，集當時中西光學知識大成。在完成此書的基礎上，製造了中國最早的一臺測天望遠鏡。《安徽通志稿》有傳。臧勵龢等編：《中國人名大辭典》，第 1583 頁。

皆不擊，何也？北華曰：雷爲完固之氣，所鬱殄物之完固者，以類相感耶？曰雷擊不孝，豈不孝子皆完固者耶？知子曰：物非人比，至雷擊不孝，緣雷爲橫氣，亦不孝之橫氣感而致之，不然惡人多矣，何獨於不孝有專辭耶？《高厚蒙求》曰：沴氣所感故所擊必當嗣見。《事文類聚》載伊川曰：人作惡，有惡氣與天地之惡氣相擊搏，遂以震死，闥歷，天地之怒氣也，如人之怒固自有。然怒時必爲之作惡，是怒亦惡氣也。怒氣與惡氣相感故爾，古人已前言之矣。〔註34〕

　　鄭復光首先認同物類相感的宋明理學的觀點，至於雷電的本質究竟是沴氣，惡氣，橫氣，抑或完固之氣等說法，他則是反覆討論後形成自己的判斷。雖然《東華錄》〔註35〕記載雷電不擊枯枝和剪過耳朵的馬匹，甚至是雷電專門雷殛不孝子。但是鄭復光最後仍然認爲雷電爲天地間的沴氣或是惡氣。人作惡時會產生出惡氣，致使天地間相同的氣相迫近，人遂被雷電震死。雖然物類相感以及雷爲天怒的論述皆已被古人早已論及，但是細究鄭復光引用的說法來源，是出自於《事文類聚》〔註36〕記載程頤〔註37〕與徐朝俊於《高厚蒙求》〔註38〕的論述，可見其受到宋明理學的影響相當深刻。除此

〔註34〕　〔清〕鄭復光撰：《費隱與知錄》（收錄於任繼愈編《中國科學技術典籍通匯・物理卷》，鄭州：河南教育，1995），《雷有所擊以類感召》，第24a～24b頁（總頁833）。

〔註35〕　《東華錄》編年體清代史料長編。有「蔣錄」、「王錄」兩種。乾隆三十年（1765），重開國史館，蔣良騏（字千之，廣西全州人，乾隆辛未進士）任纂修，就《清實錄》及其他官書文獻摘錄清初六朝五帝史料，成書三十二卷。全書內容按年月日順序排次，起太祖天命元年（1616），迄世宗雍正十三年（1735）。以國史館在東華門內，故題爲《東華錄》，通稱《蔣氏東華錄》。蔣錄失於簡略，但保存了傳本所不載的一些重要史料，對研究清初歷史仍有重要參考價值。

〔註36〕　《事文類聚》宋代祝穆撰，一百七十卷，分前、後、別、續四集。其書仿《藝文類聚》、《初學記》等類書，搜集古今紀事即詩文，合編成書，供查檢典故之用。書內突出儒家思想，搜集材料較豐富，包括一些已經散佚的古書中的資料。

〔註37〕　程頤，字正叔，北宋理學家和教育家。洛陽伊川人，人稱伊川先生。爲程顥之胞弟。歷官汝州團練推官、西京國子監教授。元祐元年（1086）除秘書省校書郎，授崇政殿說書。與其胞兄程顥共創「洛學」，爲理學奠定了基礎。臧勵龢等編：《中國人名大辭典》，第1191頁。

〔註38〕　《高厚蒙求》五集，清徐朝俊。徐朝俊，字恕堂。清松江府婁縣人。歲貢生。性聰慧，精天文、算學等。嘉慶十四年著成《高厚蒙求》，嘗自製鐘錶儀器諸

之外，鄭復光有另一段記述也說明著他受到佛教潛移默化的雷電認知影響。他說道：

> 小説載：有人得雷鑽者，靡堅不摧。以其形制無用欲改作刀，甫入火則作青煙化去。所謂：天火得人火而熄也。而大雨淋漓，雷電奮迅，所謂：天火得水而愈熾。其說確矣。〔註39〕

天火得人火而熄，得水而愈熾已爲沈括所記載，這個見解源於佛經。此處鄭復光自民間小說看到記載，雷鑽送入火爐鍛造瞬即化煙而去。這應證了此一說法，亦足以說明何以雷電遇到大雨則亦盛，原因是雷電是天火，天火得水愈熾。無論是雷電爲上天怒氣，抑或雷爲天火的觀點，此二者都是從傳統的士大夫的認知而來，西學在鄭復光身上已鮮有影響。

同時大量的資料顯示士子和庶民更是從未接納過西學論述，不論是否接觸過西學的論述，他們更加接受的是雷公與龍致雷的想法，涉及的動物除了傳統以降的龍、怪魚，甚至還有貓。譬如嘉慶時王初桐〔註40〕撰有《貓乘》（1798），他說道：

> 【化】《稽神錄》：王建稱尊於蜀，其嬖臣唐道襲爲樞密使，夏日在家，會大雨。其所畜貓戲水於簷下，稍稍而長，俄而前足及簷，忽雷電大至化爲龍而去。〔註41〕

王初桐引述了《稽神錄》〔註42〕中一個貓化生成龍的故事。五代前蜀的寵臣唐道襲家中養貓，某日大雨時貓在屋簷下蹦跳玩水，當貓的前腳觸及到屋簷之際，忽然雷電大作而貓化生成龍而飛去。王初桐記錄的是一個關於貓

器，爲巧匠所不及。臧勵龢等編：《中國人名大辭典》，第 790 頁。

〔註39〕　〔清〕鄭復光撰：《費隱與知錄》，《火別陰陽因乎寒熱》，第 45b～46a 頁（總頁 844～845）。

〔註40〕　王初桐，原名王丕烈，字於陽，嘉定人，生卒年不詳。監生，乾隆中官至齊河縣丞，後又歷新城、淄川等知縣。王初桐著作有《魯齊韓詩譜》《夏小正正訛》《開化禮正訛》《資治通鑑考證》《續資治通鑑長編考證》《水經注補正》《海右集》《濟南竹枝詞》《杯湖欸乃》《杏花村琴趣》《倚聲權輿錄》《奩史》《貓乘》《蝶譜》等書。但《貓乘》小引作於嘉慶三年冬（1798）。

〔註41〕　〔清〕王初桐撰：《貓乘》，收錄於《續修四庫全書》（上海：上海古籍，2002，據上海圖書館藏清嘉慶三年刻本），卷四，第 375 頁，原刊本第 8 頁。

〔註42〕　《稽神錄》是一部宋代漢族志怪小說集，共六卷。徐鉉撰。徐鉉自序，稱「自乙未歲（935）至乙卯（955），凡二十年」撰作此書（晁公武《郡齋讀書志》）。則此書爲入宋以前所作，全部收入《太平廣記》。此書大多寫鬼神怪異和因果報應故事。

化生的故事，然而雷電大作而貓化生爲龍，卻與雷公致電而捉拿龍的傳統認知相當類似。無獨有偶，王履泰〔註43〕編寫《畿輔安瀾志》（1808）也引述了一個龍致雷電的故事。他說道：

> 【元歐陽元黑龍潭廟碑記略】房山之大安山，山之上有龍湫，深不見底，以勢度之，下徹山趾。世相傳有黑龍居之。至正十年歲庚寅，夏五月至六月不雨，中書平章政事搠思監遣留守司都事薩里，彌寶明道洞微大師畢輔貴瀝閔雨之誠於龍。明日龍見靈異，既而大雷電以雨，槁苗盡起。及秋，五穀胥熟，於是作新廟以彰神庥。〔註44〕

京郊一帶的大安山上有瀑布與深淵，世傳有黑龍居住中。元順帝至正十年（1350），京師不雨，是以宰相遣官員往求道士祈雨。黑龍應之而招雷喚雨，是歲遂五穀豐收。這裡的邏輯十分明顯，龍能招雷致雨的能力自元朝已廣爲流傳，延續到乾隆時世人仍信之不疑，故曾居三品大員王履泰亦在編寫地方歷史時加以收錄其中。翟均廉輯《海塘錄》（ca. 1764）〔註45〕時亦有類似記載，可知元朝以降關於海中靈異之物致雷電的說法及已廣爲流傳。他輯錄道：

> 張眞人裔孫與材朝覲歸至寧，適潮患大作，沙岸百里蝕齧殆盡，延及城下。與材投鐵符於海中，踊躍而出者三，雷電晦冥，殪一魚首龜身長丈餘者於水，面岸復故常。〔註46〕

道教天師張與材（？～1316）〔註47〕於元大德二年（1298）奉命前往杭州治理潮患，張與材投放鐵符於海中，迫使海中靈異之物躍出，故天色昏暗，

〔註43〕 王履泰，清乾隆山西省絳縣人，深諳鹺法，業鹽淮南，被乾隆皇帝授予奉承元卿官居正三品，後因兩淮鹽案被罷。

〔註44〕 〔清〕王履泰撰：《畿輔安瀾志》，收錄於《續修四庫全書》（上海：上海古籍，2002，據清武英殿聚珍版印本），卷四，《桑乾河》，卷下，《黑龍廟》，第361頁，原刊本第26～27頁。

〔註45〕 浙江杭州、海寧、海鹽等地區歷代關於修築海塘工程的史料彙編，清乾隆年間翟均廉輯錄。全書分爲圖說、疆域、建築、名勝、古蹟、奏議等九類，共26卷，另錄康熙朝以來「詔諭」於卷首，記事至乾隆二十九年（1764）止。

〔註46〕 〔清〕翟均廉撰：《海塘錄》，收錄於王雲五主持：《四庫全書珍本初集》（臺北：臺灣商務，1969～1970），卷十九，〔明〕張次仲：《議修築海寧線海塘書》，第19頁。

〔註47〕 張與材，字國梁，號廣微子，世掌道教，工草書，善畫龍，曾以術治沿海潮患。臧勵龢等編：《中國人名大辭典》，第961頁。

雷電大作。與材擊殺一魚頭龜身的怪物於海中，潮患遂得治理。結合王履泰
與翟均廉的記述可知，元朝以降道教對於靈異之物招雷致電之說有相當大的
推廣作用，是以鄭光祖於《一班錄》也有著類似見解。譬如他說：

> 【雲雨雷電風雹霜雪霧露虹霓】雲乃水氣，雖騰起如煙，實皆
> 星星屑屑之水粒。神龍攝取地氣上蒸皆此。若起自海洋，鹹味不隨
> 而上。余在滇黔，日見山川出雲無足異。一日見薄雲上騰，殷殷雷
> 聲，連掛赤火下擊，山麓則黑雲迅起，須臾天地爲晦，即起狂風，
> 雲皆隨風而去。此實雲陣之興也。可知龍與雷皆能興起雲陣，冬月
> 龍雷並蟄故無雲陣。〔註48〕

鄭光祖試圖融合中西說法以闡釋雷電。他認爲雲氣的本質是極小的水粒
所組成，這是採用四元素說的水元素的論點，然而水氣上升至空際的原因卻
是神龍攝取地氣使然，這又夾雜引入了傳統中龍的認知。鄭光祖於雲貴高原
親身經歷了一次奇特的雲陣現象，他觀察到當薄雲上升後，雷聲開始鼓動，
電火開始下擊，山嶺之中則黑雲衝天而起，天昏地暗而狂風大作，直至把雲
吹散。鄭光祖於是認知到龍與雷公都能產生黑雲組成的雲陣，冬天沒有雲陣
是源於龍與雷公都在休息。

鄭復光亦熟知世俗的雷公與龍的說法，但是與王初桐、王履泰和鄭光祖
相反，他卻採取駁斥的立場，並進一步地加以闡釋雷電與蛟龍並無關係。譬
如他論述道：

> 問世傳雷神尖吻利爪。《高厚蒙求》曰：所擊必當，雷有神非妄
> 也。又曰：尖吻利爪殆亦蛟龍之屬。《蒙求》之所謂神即俗說，否曰
> 尖吻利爪斷爲蛟龍之屬，殊爲有理，所擊必當。即此是神，神固不
> 必見影也。若以尖吻利爪爲神，眞世俗之見，且雜說家多有言啖雷
> 者，設有其事，則爲蛟龍之屬益信矣。豈有神而可啖者哉？〔註49〕

在這段論述中，鄭復光提到了三種饒富興味的認知足以反映不同人群認
知雷電的差異。首先，庶民的認知屬於傳統的雷公論述，認爲上天必有雷公
操縱雷電，但是有意思的是，雷公不再是傳統以降的雞形肉翅形象，轉而演
變成尖吻利爪的蛟龍形象，這說明著雷公與龍的形象似乎有混合在一起的現

〔註48〕 〔清〕鄭光祖：《一班錄》（北京：中國書店，1990），卷一，第 16b～17a 頁。
〔註49〕 〔清〕鄭復光撰：《費隱與知錄》（尖吻利爪神非其神），第 24b～25a 頁（總
　　　　頁 833～834）。

象。其次，鄭復光引述徐朝俊的說法亦足以反映士大夫的認知。徐朝俊認爲雷電必然有神靈在操縱，但無須去確認雷電的形象，因爲雷電顯現神靈的蹤跡，不必然就可窺知其全貌。這暗合於熊明遇、方以智等方氏學派成員的論述，認爲雷電的形象與本體是分離的，雷電形象多變而本體則不可琢磨。最後鄭復光則說明出自己的論點，認爲雷公作爲神靈不可能被人食用，駁斥了以往雜說家雷公可食的說法。值得注意的是，鄭復光的這個論述恰巧記錄了一個庶民之間有趣的邏輯，雜說家認爲雷公可被食用，因此人們益發深信雷公是類似蛟龍的生物。這反映庶民的認知，雷公的形象問題可能正是源於它傳說曾被人食用的說法而來。

值得一提的是，雖然自明末以降士大夫如王英明〔註50〕和梅文鼐〔註51〕，以及欽天監官吏如戴進賢（1680～1746）〔註52〕陸續地提及室宿的雷電六星，並皆述及王希明的《步天歌》，〔註53〕但是似乎人們的重點已直接放在天象與星象的精確性問題上，並不討論星官與雷電現象發生的因果關係了。譬如戴進賢在《儀象考成》〔註54〕時記述道：

〔註50〕 王英明，字子晦，開州人。萬曆丙午舉人。撰有《曆體略》成於萬曆年間，其上、中二卷所講中法，亦皆與西法相吻合。臧勵龢等編：《中國人名大辭典》，第 110 頁。

〔註51〕 梅文鼐，字爾表，宣城人。與其兄梅文鼎皆精研曆算之學，互相商榷，多所發明，此其所訂中西恒星名數也。文鼐撰有《中西經星同異考》，獨詳稽同，參考互證，使名實不病於參差。是亦中西兩法互相貫通之要領也。臧勵龢等編：《中國人名大辭典》，第 1004 頁。

〔註52〕 戴進賢，字嘉賓，德國天文學家，原名 IgnatiusKgler，清初耶穌會來華傳教士，被康熙皇帝任命爲欽天監監正，1731 年爲清廷禮部侍郎。精通數學、天文學在中國供職 29 年之久，卒於北京。張爲之，沈起煒，劉德重主編：《中國歷代人名大辭典》（上海：上海古籍出版社，1999），第 2561 頁。

〔註53〕 〔明〕王英明撰：《曆體略》，收錄於王雲五主持：《四庫全書珍本四集》（臺北：臺灣商務，1973），卷中，第 19 頁。〔清〕梅文鼐撰：《中西經星同異考》，收錄於王雲五主編：《國學基本叢書四百種》（臺北：臺灣商務，1968），《室宿》，第 32～34 頁。

〔註54〕 中國清代中期的一部以星表爲主的工具書。最初，欽天監西洋監正、日爾曼人耶穌會士戴進賢等奏請增修《靈臺儀象志》星表部分，經批准後開始這項工作。從乾隆九年（公元 1744 年）著手，到乾隆十七年完成。戴進賢是星表的實際主編，有 26 人參加編算工作《儀象考成》全書共 32 卷，分爲 10 冊。星表中列有 300 個星座、3,083 顆星的黃道座標和赤道座標值（見天球座標系），以及每顆恒星的赤道歲差和星等。採用乾隆甲子（公元 1744 年）冬至爲星表曆元。內容參用了當時出版不久的弗蘭斯提德星表。

　　雷電六星外增八星，黃道、赤道俱在亥宮。〔註55〕

　　這似乎意味著西學東漸以來，運用星官占候的傳統緩慢地讓位於西方的天文學傳統，以尋求天象的準確性爲目的，不再過多地論及室宿雷電六星與雷電現象的連結。在這個意義上，天象與氣象正逐步地分離。

3.2　晚清時期的雷電認知西學化

　　清中葉以後，自強運動的西書翻譯活動爲中國思想論域帶來日益明顯的作用，這是顯而易見的，但是略早於西書翻譯活動的諸子學思想復興，以及隨之而來的宋學中興則鮮爲人知。〔註56〕受這兩種思潮影響所及，類書作者在論述雷電時也連帶衍生出不同於以往的景象，展現出中學試圖內化新興知識的強大生命力。其中，由於類書傳統在此時已逐漸減弱，劉岳雲（1849～1917）《格物中法》和王俊仁（1866～1914）《格致古微》則是這段時期中類書論述自然知識的代表作。本節主要以兩書爲基礎，窺視近代西方科學傳入後的雷電認知變化。

　　作爲受到自強運動影響的傳統士人，劉岳雲和王仁俊在接受西學新知時有著明顯的西學中源論傾向，〔註57〕但這並不意味他們僅強調處於源頭的中國傳統知識，他們同時也著重傳統說法與西學新知的融合問題，然而在處理的過程中，他們倆者在態度上也存在著程度上的差異。有別於明清之際士大夫的遭遇，清末的傳統士人面臨到西學細密且體系成熟的論述，僅能以西學內容爲主體的方式來兼容中西學，而非以傳統中學試圖包容西學，也因此內容豐富的諸子之學得以浮現於思想論域而成爲兼容思想的橋樑。從雷電的成因來看此一現象已然相當明顯，譬如劉岳雲首先梳理道：

　　　　雷出地奮。《易》；陰陽合爲雷。《春秋元命苞》；陰陽分佈，震雷出滯。《國語》；陰陽交爭爲雷。《莊子》；雷者太陽之激氣也。何以明之？正月始雷，五月陽盛故五月雷迅，秋冬陽衰故秋冬雷潛。盛夏之時太陽用事，陰氣乘之，陰陽分爭故相校轕，校轕則激射，

〔註55〕〔清〕允祿；戴進賢等奉敕撰：《欽定儀象考成》，收錄於《景印文淵閣四庫全書》（臺北：臺灣商務，1983），卷一，《室宿》，第 793～809 頁。

〔註56〕史革新：《晚晴理學研究》（北京：商務印書館，2007），第 200～204 頁。

〔註57〕雷中行：《明清的西學中源論爭議》（臺北：蘭臺出版社，2009），第 98～99 頁。

激射爲毒，中人輒死，中木木折，中屋屋壞，人在木下屋間偶中而
死矣。《論衡》〔註58〕……岳雲謹案：觀上諸條可知雷電之原，破庸
俗之感矣。

除卻《易》的經典論述，以及偶爲士人所提及的《論衡》，劉岳雲特別引
用《春秋元命苞》〔註59〕、《國語》、《莊子》等諸多不見於以往的書籍來論證
對雷電的認知。顯然地，清中葉以降的諸子學復興和宋學中興對劉岳雲產生
影響，連帶影響到他認知雷電的知識基礎。傳統的陰陽氣論是劉岳雲相當重
視的論述，故他於最後作案語認同上述的雷電認知是眞確的論述，足以解析
雷電本源和破除其餘雜說。但與此同時，他也引述一則陸深（1477～1544）
《願豐堂漫書》〔註60〕中頗爲有趣的記載來說明雷電現象。譬如他記載道：

案宋大觀間大滌山人胡眞隱居山間，一日忽聞有聲，若鼉鼓數
百，黑雲靉靆，間火球相逐已而迅雷列風移時乃止。夫陰陽相搏擊
則爲雷，非若七政可以形象求也。雷若有象則火球近是霹靂。先儒
所謂星隕爲石之類，火能生土故也。晦庵劉少師健爲庶僚時，奉命
往祀華山。正及夏日，晦庵與客高登顧見山下白霧彌漫若大海然，
而山頂赤日了無纖翳，俯視突煙暴起或丈餘，遞至尺許亦無所聞，
頗異之。從者以爲雨作也。及下山村麓人云：適有驟雨挾震雷數百
已過矣，向所見煙中突起者，悉雷也。凡雷自下聞之則震，自上聞
之則否。所謂山頭只作小兒啼者是已。陸深《頤〔願〕豐堂漫
書》。〔註61〕

〔註58〕〔清〕劉岳雲撰：《格物中法》（中國科學技術典籍通匯——綜合卷），卷一，
第 46b～48b 頁（總頁 920～921）（已上雷即電氣）。

〔註59〕《春秋元命苞》：又名《元命苞》，「春秋緯」之一種，其書已佚，僅存遺編殘
圖。緯書代表作。緯是指假託神意解釋經典。在西晉、後趙、前秦、北魏、
南朝劉宋、蕭梁、隋、、元、明九個王朝十三次被查禁。

〔註60〕《願豐堂漫書》，明陸深撰。其書亦雜記故事，僅及七條，疑非完本。陸深，
初名榮，字子淵，號儼山，南直隸松江府上海（今上海）人。生於明憲宗成化
十三年，卒於世宗嘉靖二十三年，年六十八歲。以文章有名。又善書，仿李
邕、趙孟俯體。登弘治十八年（1505）進士二甲第一，授編修，遭劉瑾忌，改
南京主事，瑾誅，復職，累官四川左布政使，進詹事府詹事。卒，贈禮部右侍
郎，諡文裕，敕葬於浦江東岸（今海興路 56 弄～162 弄之間），今浦東陸家嘴
即以其故宅和祖塋而得名。臧勵龢等編：《中國人名大辭典》，第 1119 頁。

〔註61〕〔清〕劉岳雲撰：《格物中法》，卷一，第 47a～47b 頁（總頁 920）。（已上雷
即電氣）

　　陸深引述了兩則居高臨下觀看雷電發生，實則是雲對雲放電的古人記錄。第一條是宋徽宗大觀年間（1107～1110）的胡眞的見聞。他自山間聽到鼓聲大作，黑雲密佈，且間有許多火球相競逐於黑雲之中。陸深引述其記錄，認爲正是陰陽相搏擊而產生雷的實際狀況。第二條是與陸深同時期任官的劉建（1433～1526）〔註62〕記錄的見聞，劉建於華山之顚往巓下觀看，見雲霧層遍佈於山腰，其上僅有烈日，突然煙雲暴起丈餘而後漸漸消散。回到平地詢問旁人乃知已有暴雨挾帶數百個雷電發生過，故知煙雲暴起是雷電所致。因此陸深的結論是，自雷電下方可以感知雷聲大作，但是自雷電上方則無法感知，僅可能聽聞到類似小孩的哭聲而已。透過兩段古人與今人的紀錄，陸深整理出陰陽迫近與交合的視運動紀錄，不管是雷電下方，處於雷電之中，或是發生雷電的雲霧之上。劉岳雲亦認同此一論述的眞確性，故連帶引述於《格物中法》，認爲這就是雷電發生的本原。

　　既然劉岳雲承襲了宋明理學家一貫的解釋脈絡，認同陰陽相搏產生雷電，又是如何處理與西方近代電學新知的關係？這是一個相當有趣的問題。劉岳雲的做法是，運用近代電學闡明古人已然掌握的現象及原理，譬如他論述道：

> **石擊石即光，知此說者風雨雷電皆可爲之。蓋風雨雷電皆緣氣而生。**《關尹子》。岳雲案：電緣氣而生，可知西人電學，中國自古知之且可爲之。玩石擊石即光一語，蓋用磨擦以生電，今之乾電氣也。〔註63〕

> **水中有火，乃焚大槐。**《莊子》。水中有火，電也。乃焚大槐，霹靂也。《莊子成玄英疏》。岳雲謹案：電自水中發出，此西人所謂濕電也。電熱積多則現火，古人又知之矣。〔註64〕

〔註62〕劉健，字希賢，號晦庵，河南承宣布政使司河南府洛陽縣（今河南省洛陽市）人，明武宗時期大學士。從弘治元年到正德元年，他入閣十九年，其中作爲首輔八年，對明朝中葉弘治、正德兩朝政治產生了較大的影響，嘉靖五年卒，年九十四。臧勵龢等編：《中國人名大辭典》，第1462頁。

〔註63〕〔清〕劉岳雲撰：《格物中法》，卷一，第37b頁（總頁915）。（以上總論電氣）

〔註64〕〔清〕劉岳雲撰：《格物中法》，卷一，第43a頁（總頁918）。（已上電火）「木與木相摩則然，金與火相守則流。陰陽錯行，則天地大絃，於是乎有雷有霆，水中有火，乃焚大槐。……水中有火，電也，乃焚大槐，霹靂也。陰陽錯亂，不順五行，故雷霆擊怒，驚駭萬物。」莊子；〔晉〕郭象注；成玄英疏：《南華眞經注疏》（北京：中華書局，1991），《莊子雜篇外物第二十六》，第343～344頁。

　　前文已討論過《關尹子》，此處不贅。劉岳雲據此認爲雷電緣氣而生，中國自古即知曉其理，並且可實踐出來。以石頭相互摩擦擊打則產生火花，與摩擦生電道理相通，是以歐洲人根據此理演變出近代電學和製作乾電氣〔註65〕的方法。這裡劉岳雲試圖指出，傳統的雷電認知與歐洲人的電學基礎是一致的。同時他也再度引用《莊子》和成玄英〔註66〕對《莊子》的疏義，水體中產生火，並非火焰眞的在水中燃燒，而是電氣在水中蔓延，因爲電氣增加而導致水體周遭的事物開始燃燒，這已爲隋末唐初的成玄英注意到，劉岳雲亦據此佐證傳統以來中國即知曉此理。這些都顯示著劉岳雲認爲，中國自古已知曉這些雷電知識的原理，並且做出若干表述，只是並未形成西方電學般具體性的理論體系。值得說明的是，中、西方在認知靜電學的起源的確皆爲物體的摩擦生電，劉岳雲在闡釋所謂乾電氣的論述是合理的，但是以「水中有火」來說明伏打電池的電流原理則顯得十分牽強，只是恐怕晚清時人、甚至是劉岳雲自身都未必能在接受近代電學知識時清楚認知兩者的原理差異。進入到電是爲何物，劉岳雲則據《愼子》和《物理論》的兩條說法來給出融合西學的闡釋。譬如他說：

　　　　陽與陰夾持則磨軋有光而爲電。《愼子》。岳雲謹案：據此知電有陰陽也，含電之物必有陰陽二端，生電之法必引陰陽二氣，可以推矣。〔註67〕

　　　　積風成雷風，清熱之氣散而爲電。《物理論》。岳雲案：風即氣也，鬱則熱，鬱久而泄，有聲曰雷，有光曰電。光熱電者同原於氣論之志也〔註68〕。

　　陽氣與陰氣夾持而摩擦即產生電，愼到〔註69〕旨在論述電的構成原理，

〔註65〕 近代電學的起源是源於琥珀摩擦物體而產生靜電，因其不需要水，故稱之爲乾電氣。濕電氣則是指亞歷山大・伏打將銅片與鋅片放置在食鹽水中產生穩定的電流現象。

〔註66〕 成玄英，字子實，陝州（今河南陝縣）人，隋朝與唐朝初期道士。通儒學經典，尤重文字訓詁學。貞觀五年（631），召至京師，帝重之，賜號「西華法師」。繼承和發揮了「重玄」思想，使重玄之道成爲唐朝初年道教哲學思想的一大主流。使道教哲理及道教修煉思想更加昇華。臧勵龢等編：《中國人名大辭典》，第512頁。

〔註67〕 〔清〕劉岳雲撰：《格物中法》，卷一，第37a頁（總頁915）。（以上總論電氣）

〔註68〕 〔清〕劉岳雲撰：《格物中法》，卷一，第37a頁（總頁915）。（以上總論電氣）

〔註69〕 愼到（ca. 390 B.C.～315 B.C.），戰國時代趙國人，學黃老之術，著《愼子》四十二篇，漢書藝文志列入法家。齊宣王、齊泯王時遊學稷下，在稷下學宮

但是有意思的是劉岳雲據此開始闡釋不僅生電方式必須運用陰陽二氣，電氣本身中亦有陰陽二端。這則超過了慎到原先的認知，巧妙地將傳統論述與近代電學融合。同樣地，劉岳雲也如此運用《物理論》的論述，楊泉旨在說明風氣積聚後成為雷風，其中的清熱氣質散去產生電。劉岳雲闡釋其文義之後，進一步地說明光、熱和電三者皆源於氣質變化。這亦顯然超出了楊泉原本的解釋，而試圖融入明清之際已傳入中國的亞里士多德三際說，以及西方的電學，將它們都導入傳統的氣論當中。

　　綜合言之，劉岳雲在遍覽群書之後不局限於傳統雷公與龍的解釋方式，而是選擇宋學傳統的陰陽氣論基礎來闡釋雷電，並於文末作案認同這些古人論述為正確的雷電現象解析，足以破除其餘雜說。他不採流傳已廣的俗說法來闡釋雷電，一方面的理由似乎是，近代電學論證充足且體系成熟，其解釋性相當強大，是以劉岳雲不得不排除解釋單一且論述單純的說法，譬如雷公與龍。他採用陰陽氣論這個最抽象性的論述，同時參考大量古籍的見解以增補其說不足，以此兼容近代電學的各種論述，可能是劉岳雲思索後唯一可行的辦法。

　　倘若劉岳雲試圖將電學揉合入氣論當中，讓其看起來是一個整體的論述，王仁俊的論述則顯得割裂。他一方面是典型的西學中源論者，試圖證明近代電學都源於中國傳統思想之中，一方面卻又試圖介紹近代電學給閱讀者。這兩種極端的態度使他的論述顯得十分特別，常有倉促拼接之感。譬如他說道：

> 　　二柱石擊石即光，知此說者風雨雷電皆可為之，蓋風雨雷電皆緣氣而生。案：此即電學之祖也。見《瀛海論》。〔註70〕
>
> 　　木與木相摩則然，金與火相守則流，陰陽錯行則天地大絯，於是乎有雷有霆，水中有火，乃焚大槐。司馬彪云：水中有火謂電也。按此即西人電學所本。〔註71〕

講學多年，在當時享有盛名，對於法家思想在齊國的傳播頗有功焉。《慎子》一書，司馬遷《史記‧孟子荀卿列傳》中介紹說有「十二論」。臧勵龢等編：《中國人名大辭典》，第 1254 頁。

〔註70〕　〔清〕王仁俊撰：《格致古微》（中國科學技術典籍通匯——綜合卷），卷四，《子集》，《鬼谷子》，第 20a 頁（總頁 118）。

〔註71〕　〔清〕王仁俊撰：《格致古微》，卷四，《子集》，《莊子》，第 23b 頁（總頁 119）。「木與木相摩則然，金與火相守則流。陰陽錯行，則天地大絯，於是乎有雷有霆，水中有火，乃焚大槐。……水中有火，電也，乃焚大槐，霹靂也。陰

在首段引述中，雖然王仁俊同樣使用到出《關尹子》〔註 72〕中的論述，與劉岳雲不同之處在於，他並不解釋摩擦生電的道理，僅強調此理爲西方電學的起源，並且提到張自牧的《瀛海論》中有相關的論證。〔註 73〕第二段論述中，王仁俊引用《莊子》和司馬彪的論述以說明水氣中存有火氣會形成電，可焚燒水邊的大槐樹，此即是近代電學的基礎。水氣中帶有火氣其實是王充以降對於電形成的見解，西方近代電學對電池的認知其實是源於亞歷山大‧伏打將銅片與鋅片放置在食鹽水中產生穩定的電流現象。上述的兩種概念其實存有相當的差異，只是同樣地王仁俊與劉岳雲似乎並未意識到，甚至是有意識地將細節忽略，只呈現出水中產生電氣的相似之處。同時，王仁俊的論述中闡述學理的部分較少，西學中源論的傾向卻十分明顯。這似乎是王仁俊的表面論述策略，實質上他試圖介紹更多西學新知進入中國。譬如他說：

> 復象雷在地中。案：此地中有電說也。美國丁韙良《電學入門》曰：乾電機有鐵鍊下垂於地，引地中之電氣上通於機也。若將鐵鍊離地則電氣立絕，此係明驗，故雷之擊物，不僅由雲而下，亦有由地而上者。《易》曰：雷在地中，職是故耳，可見西學源於中書，彼國學人尚能證之？〔註74〕

> （經說下）火鑠金，火多也；金靡炭，金多也。合之腐水、木離水。（經上）同異交得故有無。案靡當讀爲糜，此電學也。《澡身集》曰：西法以同類金與不同類金均可以化電氣，故曰同異交得，而其中電氣多少，濃淡各殊，各有比例，故曰放有無。放即仿字。俊案：辭過高足以解潤濕邊，足以圍風寒。西法辨五金、乾濕之感觸，謂之琥珀。氣者用以化質生動曰電學。西人又有以電融金，以

陽錯亂，不順五行，故雷霆擊怒，驚駭萬物。」莊子：〔晉〕郭象注；成玄英疏：《南華眞經注疏》，《莊子雜篇外物第二十六》，第 343～344 頁。

〔註72〕 王仁俊此處似乎誤植爲《鬼谷子》。

〔註73〕「經言地載神氣，神氣風霆，風霆流形，百物露生，此電氣之祖也。關尹子言：石擊石生光，雷電緣氣以生，可以爲之。淮南子言：黃埃青曾赤丹白礜元砥，歷歲生？其泉之埃，上爲雲。陰陽相薄爲雷，激揚爲電。上者就下，流水就通，而入於海。煉土生木，煉木生火，煉火生雲，煉雲生水，煉水反土。及夫頓牟掇介磁石引鐵之說。頓牟即琥珀，泰西人初請電氣，謂之琥珀之氣，又謂地球乃一大磁石，有自然之象。」〔清〕張自牧：《瀛海論》（臺灣圖書館藏書），《中篇》，第 4～5 頁。

〔註74〕〔清〕王仁俊撰：《格致古微》，卷一，《易》，第 1b～2a 頁（總頁 57～58）。

電包金，濕電化水，濕電然火諸法。〔註 75〕

表面上，西學中源論的論述似乎凸顯著傳統聖人的真知灼見，然而實則暗中協助王仁俊將近代電學引入當時的思想論域中。譬如第一段中他爲《易經》的雷在地中做出案語，直接引用美國傳教士丁韙良（1827～1916）〔註 76〕《電學入門》中對於電器插頭的說法，來說明雷電存在於地下。〔註 77〕這個闡釋的重點雖在西學中源論，但西方近代電學的知識卻實質地開始傳入中國。第二段中他則運用對《墨子》的闡釋再次地解釋近代電學的知識，說明金屬與電氣的交互關係，也是實質地闡釋電學。

有意思的是，王仁俊用來解釋電學，除了使用自強運動以來引進的西學知識，同時也運用明末清初由耶穌會傳教士傳入的亞里士多德三際說的論述。譬如他說：

> 曾子注釋引周治……日光照地與氣，上升偏於燥則發爲風火，與土俱挾氣上升，阻於陰雲，難歸本所。火土之勢上下不得亦無就滅之理，則奮迅決發激爲雷霆，與氣交合迸爲火光，居於本所，故云：交則電。〔註 78〕

王仁俊在此解釋試圖解釋《大戴禮記》中關於「交則電」的說法，其論述是很典型的三際說。火氣經由日光下透於地，故夾帶土氣上升於空際，但爲陰雲水氣所包覆，所以火氣突破陰雲而成雷霆，土氣交合火氣即成閃電。王仁俊使用三際說來解釋《大戴禮記》中關於閃電的機制，似乎顯示著明末清初的西學論述業已融入中學之中，沒有源於西學的痕跡了。在王仁俊的概念中，此一論述的性質與晚清傳入的近代電學相同，都是作爲闡明傳統經典論述的補充，從而印證古人已然知曉其理，使西學中源論益發看似合理。

〔註 75〕〔清〕王仁俊撰：《格致古微》，卷三，《子》，《墨子》，第 33b 頁（總頁 105）。

〔註 76〕丁韙良，基督教新教教會長老派傳教士。丁韙良是清末在華外國人中首屈一指的「中國通」，同時也是一位充滿爭議的歷史人物。道光三十年（公元 1850年），丁韙良在長老派神學校畢業後，派來中國，在寧波傳教。隨後爲美國政府提供太平天國情報。1865 年爲同文館教習，1869～1894 年爲該館總教習，並曾擔任清政府國際法方面的顧問。1898～1900 年，任京師大學堂總教習。丁韙良仇視義和團運動，主張列強劃分勢力範圍，「以華制華」和由美國割據海南島，以加強奴役中國。

〔註 77〕〔美〕丁韙良：《電學入門》，收錄於〔清〕王西清；盧梯青輯：《西學大成·西編·電學》（上海：醉六堂，1895，臺灣大學圖書館藏書），第 27 頁。

〔註 78〕〔清〕王仁俊撰：《格致古微》，卷五，《補遺》，《大戴》，第 11b～12a 頁（總頁 125）。

深究《格致古微》對近代電學的描述，王仁俊是深刻地瞭解近代電學的發展進程，因此儘管他的論述始終強調著西學中源論，電學的近代發展史仍然隨著此一論調逐步地導入到中國人的視野。譬如他記述道：

> 震爲雷，離爲電。鄭注：雷者，動物之氣也。案：此鄭君言電學也，引見詩疏一之四。西人本之瑪吉士《地裏備放雷電論》曰：雷者，空中閃電發燒之聲也，其鳴爲雷霆，又名霹靂，其光則爲閃電，又名雷鞭。凡天氣炎熱，從地面必有能然之氣如硝磺等類，發洩而上騰，至其氣在空中積滿之際則然而化爲雷電，故夏令居多，冬令甚鮮。至雷鳴聲，或云因於硝氣迅然發洩所至，若雲中無硝氣，則惟有電而無雷鳴。又凡雷鳴必先閃電而後雷響，……。凡塔頂金銅等物亦皆有吸雷下降之力，故凡雷鳴時在高處較低處爲多，雷鳴時撞鐘放炮皆屬不宜，蓋因鐘炮之聲均能動氣，恐氣動而致雷下降。……俊按：西人電學之興始於美國《使俄草六》曰：華人以琥珀摩擦令熱能吸輕物，後又以玻璃火器等物摩熱亦能吸輕物，若質巨氣足則見有火星爆出。西人乃知五金之屬皆善引之，以瓶內外黏貼錫箔，蓄其氣放之，則有光如電、有聲如雷、能震人擊物。乾隆三十年，美人弗蘭林驗得遇雷雨時以紙鳶向空施放，初見繩上絲縷篷然樹立，繼則氣隨繩下，盛之充瓶用一鐵匙稍近瓶口則火星躍出，迸然有聲。知嚮用玻璃琥珀等物所出之氣與雷電無殊，電學由是漸興，此種電氣皆由摩擦而生，謂之乾電。〔註79〕

雷爲巨大的震動，電則是閃耀的火光，這是《易》的傳統見解，漢朝的鄭玄補充說雷是足以震動事物的氣。王仁俊在闡釋完傳統對於雷電的認知後即開始進行補充近代電學的工作。譬如他透過西書再一次地將三際說的觀點補充進來，但是有意思的是，他引述王之春（1842～1906）《使俄草》的內容來進一步說明電學知識，諸如早期的電瓶與電池、班傑明・富蘭克林（Benjamin Franklin，1706～1790）的風箏實驗等。這顯示王仁俊似乎僅把西學中源論和傳統中學對雷電的見解作爲引子，目的是爲了引出當時最新穎的電學知識進入中國思想論域，以此來推動傳統士人接觸到近代科學的知識。

除了雷電成因以外，劉岳雲與王仁俊對雷電相關的靜電現象、磁力、地動，以及雷楔也有若干介紹與論述。這些傳統與雷電無關的現象，經由劉、

〔註79〕〔清〕王仁俊撰：《格致古微》，卷一，《易》，第 5a～6a 頁（總頁 59～60）。

王兩人的論述開始逐漸有了與雷電微弱的連結。譬如說劉岳雲說道：

> 琥珀惟以手心摩熱拾芥爲眞。《名醫別錄》。岳雲謹案：琥珀拾芥
> 由於含電氣故也。〔註80〕

> 火光振之迸炸有聲，如花火之狀，人以爲皮裘麗服溫暖，外爲
> 寒氣所逼，故搏擊而有光，理或當爾。《張江陵集》。〔註81〕

　　第一段論述中，劉岳雲再次引述東漢末的《名醫別錄》〔註82〕來論述琥珀摩擦吸物實際上爲電氣現象。這裡的電氣作用是指靜電力的作用。雖然劉岳雲在此僅簡單地補充闡明其中原理，但引述漢末以降流傳下來的古籍仍帶有西學中源論的味道。第二段論述中，劉岳雲引述明朝張居正的文集來佐證同一現象，並將兩者都歸之爲動植物含電氣的條目中。顯而易見地，劉岳雲開始試圖將傳統典籍中與近代電學相關的記述都做出連結，讓閱讀者意識到傳統士人已然發現或掌握這些現象與原理，同時又受到西書內容的補充而獲得更多的電學知識，若參考下一段劉岳雲對之的闡釋，情況則更爲清晰。譬如他說道：

> 吳綾爲裳，暗室力持曳，以手摩之良久，火星直出。蓋吳綾俗
> 呼爲油緞子，工家又多以脂發光潤，人服之體氣蒸鬱，宜其致火
> 也。都印《三餘贅筆》。今人梳頭、著脫衣時，有隨梳解結有光者，亦
> 有吒聲。《博物志》。

> 岳雲謹案：此人身之電氣因觸而現也。《博物志》以爲磷類，誤
> 矣。又案：中國新死人值雷雨，其家必欲速斂，云雷氣觸死人則變
> 僵屍起而搏人。此語相傳已久，蓋雷氣感觸新死人之電氣而起，亦
> 猶西人考得電氣感死蛙而跳動也，是中國人知電氣與動物體電氣相

〔註80〕　〔清〕劉岳雲撰：《格物中法》，卷一，第 41a 頁（總頁 917）。（已上動植物含
　　　　電氣）

〔註81〕　〔清〕劉岳雲撰：《格物中法》，卷一，第 41b 頁（總頁 917）。（已上動植物含
　　　　電氣）

〔註82〕　名醫別錄。簡稱《別錄》第 3 卷。輯者佚名（一作陶氏）。約成書於漢末。是
　　　　秦漢醫家在《神農本草經》一書藥物的藥性功用主治等內容有所補充之外，
　　　　又補記 365 種新藥物，分別記述其性味、有毒無毒、功效主治、七情忌宜、
　　　　產地等。由於本書系歷代醫家陸續彙集，故稱爲《名醫別錄》。原書早佚。梁·
　　　　陶弘景撰注《本草經集注》時，在收載《神農本草經》365 種藥物的同時，又
　　　　輯入本書的 365 種藥物，使本書的基本內容保存下來。其佚文主要見《證類
　　　　本草》、《本草綱目》等書。

感之證。〔註83〕

他首先引述明朝士人都印的記述，江蘇出產的絲綢經由手摩擦良久即發出火光，俗稱油緞子。另外，張華的《博物志》也記錄著人們梳頭和脫衣之際不時引發輕響之聲。劉岳雲因此闡述到上述記述皆為古人查覺到的靜電現象。雖然張華偶然誤認為絲綢帶有磷質而發生火光，但是流傳已廣的屍體逢雷氣則銳變為僵屍，則屬於正確的靜電現象認知，其與歐洲人所做的死蛙屍體通電而跳動殊無二致。這說明著古人已然掌握動植物帶有電氣的知識。近代的靜電力與傳統的典籍記述因此展開初步的連結。地動亦是如此，譬如劉岳雲說道：

> 衡善機巧，尤致思於天文陰陽曆算，陽嘉元年造候風地動儀，……如有地動，尊則振龍，機發吐丸而蟾蜍銜之。……自此以後乃令史官記地動所從方起。《後漢書‧張衡傳》。

> 岳雲謹案：地動之故由於電氣震盪，張衡能為地動儀，使某處地動於某處現象，則其於電氣運行之軌道洞悉無遺，而所制之儀必能與電氣相感。此真今西人所百思不到者矣。〔註84〕

東漢張衡造候風地動儀的故事，自古以為神奇。劉岳雲在此則將地震的原理歸因為電氣震盪，張衡由於清楚掌握地底電氣運行的軌道，故候風地動儀能感應到地底流動的電氣。他藉此貶低歐洲人而抬高古人。事實上，地殼中巨大的能量釋放導致地殼震動，產生的體波向外擴散形成地震波，與電氣有本質上的差異。但是劉岳雲在清末將其歸因於電氣，雖然受限於時代認知有所誤解，卻已然將新穎的近代電學知識介紹進中國，使得傳統以降各自獨立的雷電現象與地動現象產生連結。

那麼，傳統以來的地震應該做何解釋？此處劉岳雲引述了康熙的見解，而後又加以補充，形成一段極其精彩的論述。他說道：

> 大凡地震皆由積氣所致。程子曰：凡地動只是氣動，蓋積土之氣不能純一，悶鬱既久，其勢不得不奮。老子所謂「地無以寧恐將發」，此地之所以動也。陰陽迫而動於下，……至於湧泉溢水，此皆地中所有，隨此氣而出耳。既震之後，積氣既發，斷無再大震之

〔註83〕〔清〕劉岳雲撰：《格物中法》，卷一，第41a～41b頁（總頁917）。（已上動植物含電氣）

〔註84〕〔清〕劉岳雲撰：《格物中法》，卷一，第44a～44b頁（總頁919）。（已上地動由於電氣）

理，而其氣之復歸於脈絡者，升降之間猶不能大順，必至於安和通適，而後返其寧靜之體，故大震之後不時有動搖，此地氣反原之徵也。宋儒謂陽氣鬱而不申，逆爲往來，則地爲之震。《玉曆通政經》云：陰陽太甚，則爲地震，此皆明於理者。……然邊海之地，如臺灣月輒數動者，又何也？海水力厚而勢平，又以積陰之氣，鎮乎土精之上。《國語》所謂：陽伏而不能出，陰迫而不能蒸，於是有地震，此臺灣之所以常動也。謝肇淛《五雜俎》云：閩、廣地常動，說者謂濱海水多則地浮。夫地豈能浮於海乎？此非通論。京房言地震雲，於水則波，今泛海者遇地震，無風而舟自蕩搖，舟中輒能知也？地震之由於積氣，其理如此，而人鮮有論及者，故詳著之。《几暇格物編》〔註85〕

康熙在《几暇格物編》中總結了傳統以降對地震的見解而展開討論，從中可清楚地看到傳統的認知主要是地震源於地下積氣勃發、地底下的陰陽氣交迫而產生震動、地下陽氣鬱結無法宣洩而震動、陰陽氣太甚而產生地震、積陰之氣覆蓋在吐氣之上等等說法，大抵都可以歸屬在積氣所致的原理下，是以康熙亦認同此說。甚至於康熙據此駁斥《五雜俎》中地浮於水的見解，足見他試圖整理出一個最終的原理，然而美中不足之處在於康熙並未對上述積氣的各種說法展開析辨。劉岳雲引述康熙的分析與整理，進一步地將地震乃由積氣使然轉移到電氣使然，亦同樣精彩。譬如他說：

岳雲謹案：雷由地出必有一線小孔，上達遇木洞穿，遇鐵則傳。若由水出，人不及察。若由山出，因山沉重，氣亦厚積，厥勢震動牽引旁處。地震時指南針亂，久之始復。故知地動是由電氣。

又案：近來談西學者分地震爲三類，一陷落地震，謂地生虛隙，上面壓下，因致地震；二火山地震，謂火山爆發地勢撼動；三斷層地震，謂地湧出山，其力甚大，地皮薄處隨之撼動，並異予說，俟聖者證之。〔註86〕

首先劉岳雲認同地底實有積氣，不過較之傳統論述，他更指明此積氣其實是電氣。地底電氣接觸樹木則樹木穿孔，遇鐵石則加以傳導，遇水則無法

〔註85〕　〔清〕愛新覺羅·玄燁，李迪譯注，《康熙几暇格物編譯注》，下之中，《地震》，第 108～109 頁。

〔註86〕　〔清〕劉岳雲撰：《格物中法》，卷一，第 45a～46b 頁　（總頁 919～920）。（已上地動由於電氣）

察覺。由於地震之際指南針都會紊亂，可知其爲電氣使然而非其他氣質導致。雖然如此，但劉岳雲卻仍小心地另行介紹地震學的相關知識，地殼陷落、突起或是火山爆發，已介紹另外一種地震成因的見解，足見其嚴謹的態度。

　　另一個與傳統的雷電無關的是磁力，雖然劉岳雲介紹磁力仍帶有若干西學中源論的色彩，〔註 87〕但是近代電學的知識則明顯偏多，連帶闡明了磁石與電學的關係。譬如他說道：

> 定南針所指必微有偏向，不能確指正南。且其偏向各處不同，而其偏之多少亦不一定，如京師二十年前測得偏三度，至今偏兩度半，各省或偏西或偏東皆不一。《几暇格物編》。

> 岳雲謹案：唐僧一行曾以指南針校北極針，……又案徐文定稱議稱針所得子午非眞，隨地不同。……梅勿庵《揆日紀要》亦云：針所指在在不同，金陵則偏東三度，言之精矣。楊光先《針路論》、陸朗夫《切問齋集·指南針辨》所言大略相同耳。然針之指南不獨各節氣各地不同，即同地同節氣試之亦不同。良由電氣時時運動，亦猶黃白道極與赤道極，古今遠近不同，非久久檢驗不能定也。又案西人爲磁石所指爲電極，非正南方，古有言者矣。〔註88〕

　　康熙曾注意到指南針並不總是指向正南方，各個地方都有不同的磁偏角現象產生，然而原因爲何則不能做出明確的探討。劉岳雲借著引述康熙的見解來論述磁偏角的問題，整理出唐代的一行、〔註 89〕徐光啓、梅文鼎都做出準確的觀察，楊光先和陸朗夫論述的亦大抵相同，但是眾人皆未給出明確的解釋。是以劉岳雲開始剖析指出指南針是跟隨著地殼中的電氣流動而運動，會因爲距離不同與時間不同而有些微的差異。歐洲人發現指南針是指向地殼中的磁南極，而非方向上的南極，一行、徐光啓和梅文鼎早已知曉這個現象。顯然地，劉岳雲借講述磁偏角來爲介紹近代電學的知識做出鋪陳。同

〔註87〕　「磁石無我能見大力。《關尹子》。岳雲謹案：大力謂吸鐵之力甚大。此書言電力之最古者。」〔清〕劉岳雲撰：《格物中法》，卷一，第 37b 頁（總頁 915）。（已上石類電氣）

〔註88〕　〔清〕劉岳雲撰：《格物中法》，卷一，第 39b〜40a 頁（總頁 916〜917）。（已上石類電氣）

〔註89〕　一行，是我國古代有數的天文學家，爲中國佛教密宗之祖。他生於唐高宗弘道元年（683），圓寂於唐玄宗開元十五年（727）十月，年僅四十五歲，卒謚「大慧禪師」，曆數、天文，並爲大家。臧勵龢等編：《中國人名大辭典》，第 1 頁。

時，他又藉由一則有趣的地方軼事來闡明來補充電與磁的微妙關係，譬如他說道：

> 反應若磁石之取針。案：化學中有鐵養爲吸鐵石，即中國磁石，又以電造磁鐵能吸放爲電報用。《海島逸志略》曰：磁石洋在南旺之東，山谷間及崖岸皆有磁石。磁石性能引鐵，故其處之船皆用竹釘爲之，不敢用鐵釘也。來往船楫悉當揚開，不得相近，或有被狂風驅逐而悞近者則被其牽引，不能解脫矣。〔註90〕

劉岳雲首先闡釋，吸鐵石的主要構成是氧化鐵一類的物質，若以電流加以流通就是電報傳輸的原理。接著他引述到王大海《海島逸志略》〔註91〕中的一則磁山吸附船隻鐵釘而令船受困的記錄，記錄本身並不重要，但是《海島逸志略》於 1849 年由墨海書館〔註92〕出版，顯示劉岳雲曾搜羅閱讀過上海當時最早流行的一批中譯西書。就此言之，他的用意實爲流佈不廣的西書與廣大的傳統士人之間做出連接，可惜事逢戰亂，《格物中法》並未完成，亦未刊行。

最後劉岳雲討論到雷楔，自古被認爲是雷神遺墜之物，然而透過近代電學的理解，劉岳雲亦對這種帶有神奇色彩之物給出闡釋。譬如他整理說道：

> 霹靂砧伺候震處掘地三尺得之，其形非砧有似斧刃者，鑱刀者有穴二孔者一雲出雷州並河東山澤間，因雷震後得者多似斧色，青黑斑文至硬如玉，或言是人間石造，納與天曹，不知事實。陳藏器《本草拾遺》。〔註93〕

〔註90〕 〔清〕王仁俊撰：《格致古微》，卷四，《子集》，《鬼谷子》，第 11a 頁（總頁109）。

〔註91〕 本書是由清代王大海在 1791 年所著的，它是一部關於爪哇島和馬來半島的遊記。內容包括地方志、人物志、方物志、花果類等。本書 1849 年由麥都思譯，墨海書館出版。作者介紹王大海，字碧卿，生卒年不詳，福建龍溪（今龍海市）人。清高宗乾隆四十八年（1783 年），王大海泛海至爪哇，前後僑居巴達維亞、三寶瓏等地十年，遊蹤遍及爪哇北岸及馬來半島諸港口。歸國後撰有《海島逸志》六卷，載《小方壺齋輿地叢鈔》。

〔註92〕 墨海書館是 1843 年英國倫敦會傳教士麥都思、美魏茶、慕維廉、艾約瑟等在上海創建的書館。書館坐落在在江海北關附近的麥家圈（今天福州路和廣東路之間的山東中路西側）的倫敦會總部。墨海書館在 1863 年停業。墨海書館培養了一批通曉西學的學者如王韜、李善蘭，他們和艾約瑟、偉烈亞力等撰寫、翻譯了許多介紹西方政治、科學、宗教的書籍。

〔註93〕 〔清〕劉岳雲撰：《格物中法》，卷一，第 47b 頁（總頁 920）。（以上雷即電氣）

按雷書云：雷斧如斧，銅鐵爲之；雷碪似碪，乃石也，紫黑色。
雷錘重數斤，雷鑽長尺餘，皆如銅鐵，雷神以劈物擊物者。……雷
雖陰陽二氣擊薄有聲，實有神物司之，故亦隨萬物啓蟄。斧鑽碪錘
皆實物也，若日在天成象，在地成形，如星隕爲石，則雨金石、雨
粟麥、雨毛血及諸異物亦在地成形者乎？必太虛有神物使然也。《本
草綱目》。〔註94〕

　　唐代陳藏器〔註95〕認爲霹靂碪需掘地三尺而得之，出於廣東的雷州和山
東的深山裏，傳言是人間石頭所造之物，供予雷神使用。但是陳藏器對這
個傳言存有疑問。由此可知，廣大庶民對雷楔的印象乃是雷神劈雷閃電之
器，遇到見多識廣的士人則偶會存疑。明代李時珍也對雷楔有所論述，他細
分了金屬質地與石頭質地的雷楔，但是儘管觀察細微，他仍認爲雷楔是在空
際中爲神祇創造而即已成形之物，否則若是隨地氣而化，則天降雷楔和殞石
或可解釋，降下金石、穀物、獸毛獸血等異物都無法被解釋。陳藏器（ca. 687
～757）與李時珍雖然各自獨立思考著雷楔的成因，卻無法給出明確解釋。
劉岳雲亦引述康熙對雷楔的親身的觀察，並且最終認同其說和加以補充。他
說道：

霹靂碪形質各殊，隨地而異，……又有雷墨、雷鑽、雷錘不過
以狀異名，要皆金石質也。夫雷火所至，萬物俱化，斧楔乃雷氣所
化耳，其或金或石者隨地氣而使然也。《几暇格物編》

岳雲謹案：觀上諸條可知雷電之原，破庸俗之感矣。至若雷械
等物，因電火激射，適遇金石之屬，燒成堅質，隨其形狀而名之。
時珍糾《元中記》之謬而雲星隕爲石，其說正是，乃反以爲神物使
然，其謬益甚矣〔註96〕。

　　康熙透過親身的觀察，認爲雷楔的金石結構是隨各地環境不同而不同。
雷楔是雷火所致，金石受到雷火鍛燒而成。劉岳雲最終認同康熙的說法，並

〔註94〕　〔清〕劉岳雲撰：《格物中法》，卷一，第48a頁（總頁921）。(已上雷即電氣)
〔註95〕　《本草拾遺》，簡稱《拾遺》，又名《陳藏器本草》。唐代藥學家陳藏器撰於唐
　　　　　開元二十七年（739）。《本草拾遺》載藥數比《唐本草》的新增藥要多6倍。
　　　　　該書收羅廣博，內容豐富，學術價值很大，世人對之評價很高。臧勵龢等編：
　　　　　《中國人名大辭典》，第1105頁。
〔註96〕　〔清〕劉岳雲撰：《格物中法》，卷一，第48a～48b頁（總頁921）。(已上雷
　　　　　即電氣)

且歎息李時珍其實觀察入微，幾乎正確地認識了隕石爲石頭的本質，但是卻又囿於傳統觀念認爲是神祇爲之，相當可惜。劉岳雲試圖在梳理古人論述中給出正確的雷楔成因，闡明其過程僅是雷電擊中金石而鍛燒成形之物，在此梳理過程，他試圖排除掉傳統中雷神製造雷楔的見解，導入近代電學的知識，將其還原到單純的自然律成因。

作爲受到自強運動影響的傳統士人，劉岳雲和王仁俊雖然具有明顯的西學中源論傾向，但經過筆者析論後可知西學中源論似乎是當然流佈不廣的中譯西書與傳統士子可能交流的唯一橋樑。因此劉岳雲和王仁俊在策略上不得不使用這樣的方式來將西學介紹進當時的中國思想論域與士人眼光中。其中，王仁俊僅在介紹近代電學時硬嵌入西學中源論，不處理個中的合理性問題，相對地劉岳雲仍嘗試解決個中的合理性問題，試圖將中、西學更好地兼融成一個完整的體系，以西學補充中學，一如傳統士人注釋經典所採用的方式。在這個意義上，晚清傳入的西學與清中葉重新興盛的宋學復興和諸子學復興對他們而言是一樣的，都是補充傳統知識體系時可供使用的注腳，只是此時的西學解釋力已然十分強大，傳統中學的解釋已逐漸無法與西學競爭。

第 4 章 雷電作為自然知識演變的意義

　　經由梳理傳統以降的中國人雷電認知脈絡至此，筆者擬對之展開析論，說明其中若干饒富興味的問題。首先筆者意識到長時段的雷電認知變遷過程，不同時代的人們對雷電的理解並不一致，再推究一步，則需要歸因到認知方式的差異。因此，第一節主要對認知的方法論進行析辨。透過整理和歸納出七十餘位記述者對於雷電認知的論述，筆者也發現在雷電認知的變遷過程中，不同論述的比重有著明顯改變，論述者的區域也開始移動，時人持有的不同自然知識似乎有著分層的現象。這則是第二節的論述重點。最後，至於雷電的自然知識變遷過程中，何以這些認知沒有經過整合而凝聚，反而維持著多元並存的現象，是第三節主要討論的核心。筆者期望透過本章的梳理和分析，能獲得若干關於傳統自然知識有益的理解。

4.1　方法論的嬗變：經驗基礎至文本中心思維

　　本文引用的典籍與類書，旨在論述自然現象者較少，兼論及自然現象者較多，然而因其皆記錄時人認知自然現象的情況，故皆具參考價值。考究其內容，筆者首先面對的問題是：作者是以什麼心態撰寫著述？是記錄自身觀察，還是隨見聞而記之，抑或閱讀典籍時擇真而載之？相對地，閱讀者的認知狀態又是如何？換句話說，著作所載的內容是否真實反映作者與閱讀者的自然認知？為此，筆者擬分析若干著作的著作動機和其序言，檢視作者與讀者的認知狀況。

4.1.1　著述者

為著作作序的傳統是鮮少見於上古論述自然現象的典籍，至司馬遷的《史記‧太史公自序》後典籍才逐漸開始有書末作序與目錄的傳統。然而若溯源至老子《道德經》，老子的著述動機似乎在其卷一開卷文字中有所體現。老子如是說道：

> 道，可道也，非恒道也。名，可名也，非恒名也。「無」，名天地之始；「有」，名萬物之母。故，常「無」，欲以觀其妙；常「有」，欲以觀其徼。〔註1〕

為了瞭解世間變化運行的大道，老子試圖用語言來加以描述，然而他察覺到大道變動不已，隨時變異，是以大道唯一能以語言加以把握的就是，大道本身不可說明，否則就會因被定型而無法窺視其全貌；為事物命名也不可固定下來，否則此一命名就陷入僵化而陳腐。「有」與「無」，是天地的開端與本質，是以體察「無」來掌握大道的奧妙，體察「有」來掌握個中的細節。老子為了闡釋對大道的理解與思考，因此著述《道德經》。老子的這段論述呈現出他是出於親身體察而著述，顯然地，這是一種經驗探索。其後的司馬遷也有類似的論述，譬如他於《報任少卿書》時寫道：

> 僕竊不遜，近自託於無能之辭，網羅天下放失舊聞，考其行事，綜其終始，稽其成敗興壞之紀。……亦欲以究天人之際，通古今之變，成一家之言。〔註2〕

司馬遷撰寫《史記》之前，讀書之餘甚至親身遊歷各地，詢問地方賢士網羅人物佚事。考察其事蹟，綜覽其生平，並且查覈其成功與失敗的道理。以此窮究人物與環境互動的關係，理解歷史變化至今的道理。雖然司馬遷的著重點在於探討以人為中心的歷史，但是他在閱讀群書之餘亦經歷過大量的親身探索與思考。無論是老子或是司馬遷對於著述都有著大量的經驗基礎。

這與宋人劉本為《初學記》作序時論述古人著述的動機是吻合的。劉本本人並不著名，然而《初學記》是唐人張說（667～730）、〔註3〕徐堅（659～

〔註1〕於文斌編著：《道德經類解》（長春：吉林文史出版社，2014），第4頁。

〔註2〕〔漢〕司馬遷撰：《報任少卿書》，收錄於〔漢〕班固撰；〔唐〕顏師古注：《漢書》，卷六十二，《司馬遷傳》（臺北：鼎文，1977），第2735頁；亦收錄於〔梁〕蕭統編；〔唐〕李善注：《昭明文選》（臺北：臺灣東華書局），卷四十一，第579頁。

〔註3〕張說，字道濟，一字說之，原籍范陽，世居河東，而徙家洛陽。唐初文學家，

729）〔註4〕和韋述〔註5〕（？～757）等朝臣奉玄宗旨，編寫一部爲方便玄宗諸皇子作文時檢查事類的書籍，此即《初學記》的成書原因。張、徐、韋在編寫《初學記》時並未撰寫序言，原因或在於此書爲官修類書且是以皇家運用爲目的。編纂者乃一時之選自不待言，內容亦必擇精而採之。〔註6〕成書背景如此，《初學記》的內容無疑是較爲可信的。因此，劉本在爲《初學記》作序時，其敘述古人著述的動機亦值得細究。他於《初學記・序》（1134）說：

> 聖人在上而經制明，聖人在下而述作備。經制之明，述作之備，皆本於天地之道。聖人體天地之道，成天地之文，出道以爲文，因文以駕道，達而在上，舉而措之，其見於刑名度數之間者，禮樂之文，所以明經制也；窮而在下，卷而懷之，其藏於編籍簡冊之間者，詩書之文，所以備述作也。禮樂之文，炳若丹青；詩書之文，潤於金石，非吾聖人直爲是炳炳琅琅者，以誇耀於千萬世之人也，由是載其道而濟千萬世之人者也。〔註7〕

聖人先體察天地規律而後著述，透過文章描述天地規律，並對世間進行規範。這並非聖人自誇他們如何光明偉大，而是其文章蘊載世間規律，使後世芸芸眾生受益。從前述的老子與司馬遷的著述用意觀之，劉本的此一析論正確地呈現出古人的著述意圖。他首先敘述遠古聖人爲文的用意，並區分了禮樂之文與詩書之文，但是他筆鋒一轉，繼續說道：

> 傳曰：經天緯地之謂文。聖人措斯文於禮樂，以化成於天下者，莫乎文王。……聖人藏斯文於詩書，以化成於後世者，宜莫若乎孔子。……禮樂之文，隨世而存亡，不見其大全，惟是詩書垂世，煥乎其可觀者，皆貫道之器，非特雕章繢句以治聾俗之耳目者也。學

　　詩人，政治家，曾任兵部尚書、中書令與尚書右丞相等官職，一生著作宏富，參與修撰《三教珠英》、《開元五禮儀注》、《大唐六典》以及《初學記》等書。

〔註4〕　徐堅，字符固，湖州人。徐孝德之孫，唐太宗徐賢妃、唐高宗徐婕妤的侄子。後舉進士，任學士，與徐彥伯、劉知幾、張說同修《三教珠英》、《初學記》。

〔註5〕　韋述，京兆人，唐朝史學家。幼時即中進士，歷任集賢院直學士，累遷尚書工部侍郎，在書府四十年，任史職二十年，安史之亂時，流亡至渝州卒。撰有《開元譜》、《兩京新記》、《初學記》等書。

〔註6〕　〔唐〕徐堅等撰：《初學記》（上冊），《點校說明》，第1頁。

〔註7〕　〔唐〕徐堅等撰：《初學記》（上冊），《初學記序》，第1頁。

者不問古人之文爲貫道之器，誦其詩，讀其書，往往獵取其新奇壯麗，以駕其道聽途説入乎耳出乎口者，發爲一切之文，自許高風逸氣，可以跨越乎古今，峻峰激流，可以吭駭乎觀聽，謂天地造化之工，皆在其筆端，而聖人之用心處爲盡在此矣。所謂鬱鬱之文，可以明經制，未喪斯文，可以備述作，當年天下，異時來世，所賴以濟者，未嘗過而問焉，可勝惜哉。〔註8〕

　　當聖人的文章形成經典，而世運時移，文王禮樂之文散佚，孔子詩書之文獨存。後世學者沒有把握到詩書載道的本質，反而慣以新奇華美的文字記錄各種道聽途説的傳聞，認爲是文章造就了世間的規律，遠古聖人在做法上與他們殊無二致，是以忽略體察古往今來的世間規律。顯然地，劉本意識到後世學者爲文並沒有遵循古人以經驗基礎，文以載道的傳統思維。這呈現出一個在方法論上十分巨大的反差，後人不但沒有親身體察事物的過程，反而僅閱讀古人典籍，並取其新奇壯麗之語以標新立異。可以説劉本注意到在方法論上，古人著述試圖融入經驗基礎而後人則退縮至引述古代典籍的奇章異詞之中，與自然界的眞實開始產生距離。認識到後世學者爲文的此一弊端，劉本認爲非常可惜，爲了矯正弊病，他如是説道：

　　　　嘗謂人生而不學，與無生同；學而不能文，與不學同；能文而不載乎道，與無文同。文之不可以已也如此，是以近世有齋六經、諸子、百家之言而記之……爲今人之文，以載古人之道，眞學者之初基也。愚願學者摭此以成文，因文以貫道，祈至於文王、孔子之用心處而後止，毋爲獵取其新奇壯麗之語，雕章繢句，以治聾俗之耳目焉，乃善學者也。〔註9〕

　　劉本認爲文章不能蘊載著世間的規律，與沒有文章相同，現今文章不堪已如此，所以透過摘錄六經、諸子和百家之言以著述，以文章承載著古人闡明的道理，才是學者眞實的基礎。因此，他勉勵《初學記》的閱讀者體察文王與孔子爲文的用心，不要步入爲文標新立異的流俗。換句話説，他希望後世學者可以回歸到古人治學的方法論傳統上，以經驗爲出發點推究學問。

　　雖然徐堅等人作《初學記》的眞實動機爲何，筆者不得而知。但是劉本如此爲《初學記》作序，明顯流露出他認爲書中所採的內容事屬眞實。若非

〔註8〕　〔唐〕徐堅等撰：《初學記》（上冊），《初學記序》，第1～2頁。
〔註9〕　〔唐〕徐堅等撰：《初學記》（上冊），《初學記序》，第2頁。

如此，劉本不需要刻意強調遠古聖人與今人爲文的方法論差異。反過來說，徐堅若不在意求眞，亦不需將整理事實的「敘事」放在段落之首，把羅列對仗的「事對」和妙文好詩的「賦、文、詩、序」置於其後。由此，筆者認爲徐堅與劉本強調以事實爲基礎以著述的意圖十分明顯。

　　是否僅因爲《初學記》貴爲皇族運用，故徐堅等編纂類書的人必須考究精確方可撰書呢？換句話說，《初學記・序》中以求眞爲尚，批評獵奇標新的思維是否具有一定的普遍性呢？答案似乎是肯定的。其實，徐堅求眞的動機具有相當普遍意義，類似的想法在後代編纂類書的文人書序中顯露無遺，譬如宋人王應麟（1223～1296）〔註10〕在《小學紺珠・自序》說道：

　　　　君子恥一物不知，譏五穀不分，七穆之對以爲洽聞，束帛之誤謂之寡學，其可不素習乎？乃採掇載籍擬錦帶書，始於三才終於萬物，經以歷代，緯以庶事，分別部居，用訓童幼。夫小學者大學之基也。〔註11〕

　　事實上，就連王應麟爲訓導幼童而作，根據讀書時隨筆記錄整理而成的書，求眞爲尚的傾向亦極爲明顯。他尤其強調士大夫對事物不知和混淆是羞恥的，因此必須在童蒙時就持續學習認識各種事物，以獲得眞正的知識。〔註12〕此一傾向呈現出傳統士人似乎已有一個長期存續的傳統，做學問應尋求世間的各種眞實知識，然而另一方面，倘若這種傳統是長期存續的，那麼值得深究的問題就是眞實的知識源從哪裏獲取？

　　明清之際的熊明遇與方以智對類似的問題有部分的闡述，它們試圖以嚴謹的態度記錄和討論自然現象。譬如熊明遇於《格致草・自述》（1634）中說道：

　　　　竊不自量，以區區固陋平日所涉記，而衡以顯易之則，大而天

〔註10〕王應麟，字伯厚，慶元府鄞縣（浙江鄞縣）人，號深寧居士，南宋著名學者。
　　　　19 歲中進士，官至禮部尚書，宋亡後（1276）他在家鄉隱居講述經史二十年。
　　　　一生著作甚豐，撰有《困學紀聞》、《玉海》、《詩考》、、《漢藝文志考證》、《小
　　　　學紺珠》、《三字經》等書。
〔註11〕〔宋〕王應麟撰：《小學紺珠》（北京：中華書局，1987），《小學紺珠・自序》，
　　　　第 1a 頁（總頁 1）。
〔註12〕值得一提的是，從《小學紺珠・自序》的另一段文字可得知時人學習事物的
　　　　進程。」古者蒙養豫教，固不在初。六年教之數與方名，八歲學六甲五方書
　　　　計之事，九年教之數日，十年請肆簡諒。循循有序，緣是有名數之學。」〔宋〕
　　　　王應麟撰：《小學紺珠》，《小學紺珠・自序》，第 1a 頁（總頁 1）。

地之定位，星辰之彪列，氣化之蕃變，以及細而草物蟲豸，一一因
當然之象而求其所以然之故，以明其不得不然之理。〔註13〕

為了探究天地星辰，乃至於草物蟲豸的背後生滅與變化原理，他不斷記錄
平日見聞的各種細節，撰成《格致草》一書。值得一提的是，與劉本的觀點
類似，熊明遇在《格志草・自序》裏也從「格物致知」的脈絡描繪出一幅遠
古聖人掌握住大道而後世學人逐漸荒廢的圖像。〔註14〕同樣地，方以智也以
類似態度撰寫《物理小識》（1643），說道：

通觀天地，天地一物也，推而至於不可知，轉以可知者，攝之
以費知隱，重玄一實，是物物神神之深幾也。寂感之蘊，深究其所
自來，是曰通幾。物有其故，實考究之，大而元曾，小而草木蠢
蠕，類其性情，徵其好惡，推其常變，是曰質測。……顧自小而好
此，因盧舟師《物理所》，隨聞隨決，隨時錄之，以俟後日之會通云
耳，且曰自娛。〔註15〕

天地實為一物，必須以可知的事物推至不可知的事理。事物存在的原
理，與世間萬物的各色形態與變化，都是方以智在受老師王盧舟（1565～
1654）〔註16〕啟發後留心，隨時聽聞判決而後記錄的東西。雖然方以智謙
遜，說此為自娛之物，等待日後之會通，但無礙於他求真為尚的態度。比較
起徐堅、劉本和王應麟等人編纂類書嚴守聖賢文以載道的原則，但熊明遇與
方以智則多一份親自觀察記錄，推演背後原理的味道，相對不願意盲從前人
對自然現象的認知。然而時至晚清，劉岳雲《格物中法》（ca. 1870～1900）和
王仁俊《格致古微》（1896）似乎沒有延續上述的態度，反而有重歸經典說法
的傾向。劉岳雲說：

是書之旨，次古今言。格物者知其理所以然則詳之，否則闕之。
採書若墨子言光學重學，抱朴子言化學之屬。文或不能盡識則鉤稽

〔註13〕〔明〕熊明遇撰：《格致草》，《格志草・自序》，第 4a～4b 頁（總頁 58）。
〔註14〕「物以則而成象，聖人則其則如伏羲氏則河圖以畫八卦，禹則洛書而陳之洪
範。……唐溺於攻詞疏於言理，僅僅李淳風以方士治曆，但知測數立差。……
宋儒稱斌斌理解矣，而朱子語錄、邵子皇極經世書，其中悠謬白著，耳食者
群然。是訓是式而不折衷於孔子、可思、孟子，其可乎？」〔明〕熊明遇撰：
《格致草》，《格志草・自序》，第 1a～3b 頁（總頁 56～57）。
〔註15〕〔明〕方以智撰：《物理小識》，《物理小識・自序》，第 1 頁。
〔註16〕王宣，字紀卿，一字盧舟，金溪人，為方以智之師。生平不詳，撰有《物理
學》一書，啟發方以智撰寫《物理小識》甚大。

而爲之注，亦竊附鄙意。〔註17〕

　　《格物中法》的著書目的是排比古今討論自然事物的各種說法，合理解釋自然現象背後原理的說法就詳加引用，反則不予錄之。說法中有晦澀不明之處則盡力考證，並附上自己的判斷。雖然與唐宋人一樣遵循古代經典說法，卻有一點頗爲特殊，即劉岳雲爲了求得眞相，甚至有意識地希望引起爭議，來使眞相透過辯駁而浮現，這一點與傳統以降不採納收錄有問題的論述的做法並不相同。他說道：

　　　　聖人不作，九流百家各以其說支離攘臂乎其間，故中國之書其
　　是非常，兼收並蓄，如海水之無不容。今但擇其足以申吾說，骶觸
　　者聽之不爲駁辨，以啓爭端也。〔註18〕

　　遠古聖人沒有著作，以致於後世學人提出各種說法，使中國書籍的說法雜多，兼容並蓄。因此劉岳雲在合理解釋自然現象的說法中，選擇那些支持自己想法的來立論，同時也徵引出牴觸自己說法的來呈現問題，引發討論。此一舉動說明劉岳雲已然注意到傳統中學內不同說法中的衝突和矛盾，爲了更貼近眞實，他寧願呈現正反論述，並率先展開論證，以期待後續有人在其基礎上進一步地展開辯駁。雖然劉岳雲試圖在博極群書的基礎上引述不同見解的論述來展開論辯，但是他的思考範疇仍陷於古代學者的著作之中，並沒有要親身探究自然界的意圖。

　　幾乎同時的王仁俊也在撰寫《格致古微》時也提及類似的傾向，譬如他說道：

　　　　所征諸家首則兼列姓名，次亦詳標書目片語。合道雖近賢而必
　　採，一言違聖即闕議而必辨。既愿攘善猶嚴武斷……是編都凡六卷
　　五百餘條，上自周秦下迄勝代。理涉格致悉皆甄採，時賢撰述附入
　　案語，再有芫窺以別俊案，馭遠之法間及一二。〔註19〕

　　與劉岳雲相同，王仁俊也採排比古今書籍說法的方式編纂類書，其中就算是時人提出的合理解釋也會採錄，違背聖人說法雖一句話也會議論駁辯，盡可能地引用好的說法以避免武斷論述。王仁俊如是說，表示他對自己書中記載的內容十分自信，雖然無法疏忽有疑義的說法，但是卻能將其與合乎道

〔註17〕　〔清〕劉岳雲撰：《格物中法》，《自序》，第 2a 頁（總頁 893）。
〔註18〕　〔清〕劉岳雲撰：《格物中法》，《例言》，第 1b 頁（總頁 893）。
〔註19〕　〔清〕王仁俊撰：《格致古微》，《格致古微略例》，第 2c 頁（總頁 56）。

理的言論區分開來。他的態度與劉岳雲較爲不同的是，他似乎認爲眞實的道理已爲聖人所闡述，後人合道的論述則是細緻的補充，他的主要工作是整理清楚這些合於道理的論述。相形之下，劉岳雲則是呈現一家之言，對眞實存有更多不確定感。不過無論如何，劉、王兩人在編撰類書時無疑是爲了求得眞知而著述的，同時他們也都僅將注意力放在傳統與西學的各種著作裏，甚少想到回歸自然界尋求眞相。

4.1.2　閱讀者

　　作者之外，閱讀者似乎也抱持追求眞知的想法接觸類書，譬如李維楨（1547～1626）〔註20〕與包世臣（1775～1855）〔註21〕。明代謝肇淛（1567～1624）〔註22〕撰寫的《五雜組》讓李維楨愛不釋手，爲之作序，進而流露此一傾向，他在《五雜組‧序》試圖說明書名的來歷時說：

> 《易》有《雜掛》，物相雜故曰文。雜物撰德，辨是與非，則說之旨也。天數五，地數五，河圖洛書，五爲中數，宇宙至大，陰陽相摩，品物流行，變化無方，要不出五者。五行雜而成時，五色雜而成章，五聲雜而成樂，五味雜而成食。《禮》曰：「人者，天地之心，五行之端。食味，別聲，被色而生。」具斯五者，故雜而繫之五也。《爾雅》：「組似組，産東海。」識者傚之，間次五采，……在杭産東海，多文爲富，故雜而繫之組也。〔註23〕

　　《五雜組》的著書宗旨是記述事物間的規範，並且辨明規範的是非。天地至大，變動無方，但是一切變化卻皆是從五種根源而來，而形成複雜的天

〔註20〕 李維楨，字本寧，號翼軒，自稱角陵里人，大泌山（湖北京山）人。隆慶二年進士，一生遷調頻繁卻升遷緩慢，屢遭彈劾而辭官歸田，歷經嘉靖、隆慶、萬曆、泰昌、天啓五朝，足跡遍佈大江南北，交遊廣泛，生活閱歷豐富。撰有《大泌山房集》、《史通評釋》、《新刻楚郢大泌山人四遊集》等。

〔註21〕 包世臣，字慎伯，晚號倦翁，，安徽涇縣人，清代學者、書法家。1808 中舉，後多次考進士不中，曾官江西新渝知縣，後爲人幕客。包世臣自幼家貧，勤苦學習，對農政、貨幣以及文學等均有研究，畢生留心於經世之學，東南大吏每遇兵、荒、河、漕、鹽諸巨政，經常向他諮詢，以此名滿江淮。著有《藝舟雙楫》、《齊民四術》等書。

〔註22〕 謝肇淛，字在杭，福建長樂人，明朝官員和著名學者。萬曆二十年（1592）進士，入仕後，歷遊川、陝、兩湖、兩廣、江、浙各地所有名山大川，官至廣西右布政使。奉詔治理河道，一年有成，並將治河經驗寫成《北河紀略》。撰有《五雜組》、《文海披沙》、《文海披沙摘錄》等書。

〔註23〕 〔明〕謝肇淛撰：《五雜組》，《序》，第 1 頁。

地萬物與聲色氣味。此處李維楨所指的五種根源並非五行，而是更像象數中的五數一般，他認爲《五雜俎》的意圖就是記錄各種複雜且相互牽連的事物，並從中辨明事物之間的規律和道理。在此一基礎上推敲，似乎可以如是說，李維楨認爲謝肇淛撰寫《五雜俎》，內容必爲有益於揭示事物眞實的關係，同時因爲經過辨明是非，《五雜俎》對自然現象的解釋亦深具道理。顯然地，李維楨在盛讚《五雜俎》論述廣大之餘，同樣拜服於謝肇淛對事物的考察與闡釋，並沒有試圖與之辯駁與指正的意思。〔註 24〕同樣的，包世臣也認爲鄭復光《費隱與知錄》所載內容確切眞實，他說：

> 予受而讀之所說，皆世人驚駭以爲災祥奇怪之事，而鄭君推本
> 說之，或以物性而殊，或以地形之變，或以目力而別，明白平易，
> 如指諸掌。當鄭君之未說也，循其跡幾於聖人所不知，及其既說而
> 目驗之則夫婦之所與知也。〔註 25〕

在閱讀《費隱與知錄》中災祥奇怪的事情，包世臣覺得鄭復光所論證的說法深得其理，令人感到平易明白，同時書中未論述事，聖人似乎也有所不知，書中論及的事情，匹夫匹婦似乎也能驗證其眞確。

上述對若干書序的著作動機析論皆指出，典籍與類書的著述者與閱讀者似乎基本上都抱持一種求眞爲尚的思考。不論是秦漢以前古人觀察自然界而著述，唐宋時人嚴格遵循聖賢之說，明末時人的隨聞隨決、隨時錄之，還是晚清時人的追隨古說並作辯駁的態度，雖然此四者在編纂著作時評判自然現象的方法不同，但是卻無法掩蓋這些著作企圖探究自然現象與背後原理的意圖。儘管從現代的角度看若干著作的內容帶有荒謬怪誕的色彩，但是這些記錄確是當時的著作者與閱讀者認爲眞實和有助理解眞實的論述。有意思的問題在於，何以自傳統以降，撰文著述的士人會明顯地從經驗基礎往文本中心思維的方法論上逐步轉移呢？

筆者注意到，傳統士人的眼光脫離自然界而轉往典籍中所構築出的知識系統，更基礎的原因似乎在於士人的閱讀與寫作之道。類書之中記錄的若干

〔註 24〕 「語曰：「通天地人曰儒。」在杭此編，兼三才而用之，即目之儒家可矣。余嘗見書有名「五色線」者，小言詹詹耳，世且傳頌，孰與在杭廣大悉備，發人蒙覆，益人意智哉？友人潘方凱見而好之，不敢秘諸帳中，亟授剞劂，與天下共寶之。大泌山人李維楨本寧父撰。」〔明〕謝肇淛撰：《五雜俎》，《序》，第 1～2 頁。
〔註 25〕 〔清〕鄭復光撰：《費隱與知錄》，《費隱與知序》，第 1a～1b 頁（總頁 819）。

規範讀書法的篇章說明了長時段中類書編纂者與閱讀者所面對的此一共同基礎。換句話說，筆者認爲並非傳統士人喜愛遵循傳統經典論述，情況恰巧是他們在求取知識的共同基礎正是傳統經典論述，因此無法跳脫出長期以來的思考框架。

4.1.3 傳統士人的閱讀與寫作之道

以更寬廣的視野來看，閱讀與編纂著作實則涉及到人們的閱讀與寫作之道。自隋朝科舉制開始，唐太宗使之成定制以來，傳統士人開始逐步形成較爲固定的讀書法，自童蒙至成年應試，進行一系列有組織的讀書過程。這首先反映在王應麟（1223～1296）《小學紺珠·自序》中，他說道：

> 古者蒙養豫教，罔不在初。六年教之數與方名，八歲學六甲五方書計之事，九年教之數日，十年請肄簡諒。循循有序，緜是有名數之學。〔註26〕

王應麟首先回溯古人的童蒙教育。孩童六歲教以數字與事物名稱，八歲學習天干地支的年歲計算，九歲教以計算時日，十歲則共同學習質樸信實的做人之道。這是古代幼童的名數之學。雖然無法確定王應麟描述的童蒙之學究竟始於何時，持續多久，但是比對《居家必用事類全集》（1301）所收錄的《程端禮讀書分年日程法》，兩者其實在求學年齡上差距不大，後者僅變更了學童接觸的書目。《程端禮讀書分年日程法》描述出宋代學子在青年時期的讀書過程，影響後世極廣。〔註27〕程端禮（1271～1345）〔註28〕他說：

> 八歲未入學之前讀《性理字訓》。程逢原增廣者讀此代《世俗蒙求》。

〔註29〕

〔註26〕 〔宋〕王應麟撰：《小學紺珠》，《小學紺珠·自序》，第 1a 頁（總頁 1）。

〔註27〕 該書按照朱熹「明理達用」思想，糾正「失序無本，欲速不達」之弊，詳載讀經、學習史文等程序；注意教學程序，重視功底訓練，強調經常複習、考查，成爲家塾詳細教學計劃。時國子監頒此書於郡邑學校，明代諸儒也奉爲讀書準繩，清代陸隴刊刻流播，對當時及後來家塾、書院、儒學均有影響。

〔註28〕 程端禮，字敬叔，號畏齋，鄞縣（今浙江寧波）人，元代學者，累任建平、建德縣教諭，台州路、衢州路教授等，生徒甚眾，撰有《讀書日程》（也作《程氏家塾讀書分年日程》）三卷、綱領一卷，《集慶路江東書院講義》一卷，《春秋本義》、《畏齋集》等。

〔註29〕 〔元〕不著撰人：《居家必用事類全集》收錄於中國社會科學院歷史研究所文化室編，《明代通俗日用類書集刊·第四卷》（重慶：西南師範大學出版社；北京：東方出版社，2011，據明隆慶二年飛來山人刻本影印），《爲學》，《程端禮讀書分年日程法》，第 23a 頁（總頁 17）。

自八歲入學之後讀《小學》書正文，次讀《大學》經傳正文，
次讀《論語》正文，次讀《孟子》正文，次讀《中庸》正文，次讀
《孝經》正文，次讀《易》正文，次讀《書》正文，次讀《詩》正
文，次讀《儀禮》並《禮記》正文，次讀《周禮》正文，次讀《春
秋》經並三傳正文。自八歲約用六、七年之功，則十五歲前，小學
書，四書諸經正文，可以盡畢。〔註30〕

按照上述記載，宋代以降，孩童八歲之前的主要讀物是講解人世基本概念
的《性理字訓》或《世俗蒙求》等書，八歲以後始讀宋儒推崇的四書，繼而閱
讀儒家的五經部分典籍，這段過程歷時六、七年而學習完畢。他接著論述道：

自十五歲志學之年，即當向志。爲學以道爲志，爲人以聖爲志。讀《大
學章句》、《或問》畢，次讀《論語集注》，次讀《孟子集注》，次讀
《中庸章句》、《或問》，次鈔讀《論語或問》之合於集注者，次鈔讀
《孟子或問》之合於集注者。次讀本經《易》、《書》、《詩》、《禮記》、
《春秋》。〔註31〕

四書、本經既明之後，自此日看史，仍溫前書，次看《通鑒》
及參《綱目》，次讀《韓文》，次讀《楚辭》。《通鑒》、《韓文》、《楚
辭》既讀之後，約才二十歲或二十一、二歲學作文，經問，經義，
古賦，古體，制詔，章表，四六章表。〔註32〕

十五歲時，青年學子並不急於擴張閱讀的書籍範圍，而是以更細膩地閱
讀儒家經典及後世各家學者合於經典教訓的注解，更有甚者則以手寫抄讀的
方法學習。四書盡畢，則以此方法重讀五經。上述工作完成後，才得以在溫
習前書之餘，旁觀《資治通鑒》和《資治通鑒綱目》〔註33〕等史類書籍、以
及《昌黎先生集》、《楚辭》等著名文章。至此二十歲至二十二歲之間，學子
才學習創作各種文體。

從上述記錄中可知，學子童蒙之時學習名與數，進入青年時期則花費極
大的精力反覆閱讀四書和五經等儒家經典，至弱冠之年始學習文史、作文和

〔註30〕　〔元〕不著撰人：《爲學》，《程端禮讀書分年日程法》，第 23a〜23b 頁（總頁
17）。
〔註31〕　〔元〕不著撰人：《爲學》，《程端禮讀書分年日程法》，第 23b 頁（總頁 17）。
〔註32〕　〔元〕不著撰人：《爲學》，《程端禮讀書分年日程法》，第 24a 頁（總頁 17）。
〔註33〕　《資治通鑒綱目》，是朱熹生前未能定稿的史學巨著，其門人趙師淵於樊川書
院續編完成，共 59 卷。

應用。這顯示士大夫的知識範疇幾乎在經書範疇之中，相對於儒家經典，史書與文集則是士大夫後期才關注的範疇，並且並沒有產生相同嚴謹的學習步驟。這相當限度地限制了青年學子對自然認識的知識範圍。除此之外，檢視他們求知問學的基本原則也有助於瞭解他們吸收知識的真實狀況。《居家必用事類全集》收錄《朱文公童蒙須知〉和《朱子讀書法》，記錄著朱熹（1130～1200）求知問學的若干準則，譬如他說：

> 凡讀書，……不可牽強暗記。只是要多誦遍數，自然上口久遠
> 不忘。古人云：讀書千遍，其義自見。謂讀得熟則不待解說，自曉
> 其義也。余嘗謂讀書有三到，謂心到、眼到、口到。心不在此，則
> 眼不看子細。心眼既不專一，卻只漫浪誦讀，覺不能記，記不能久
> 也。三到之中，心到最急，心既到矣，眼口豈不到乎？〔註34〕

朱熹認為讀書需要反覆誦讀，誦讀日久則自然能掌握個中知識，是以他相當認同「讀書千遍，其義自見」的古諺，〔註35〕這說明傳統以降，古人一直據此方法求知問學。然而不滿於此，他隨及深入分析讀書方法，開始區分心到、眼到，和口到三原則，認為心不到則眼口皆不至，就算翻書誦讀也無法記憶。由此可見，朱熹似乎認為「讀書千遍，其義自見」是理解文義的根本基礎，心到輔之以眼到和口到則是強化記憶的技巧與態度，按照此一模式逐步增加閱讀書籍，則知識才能逐漸累積。譬如他說：

> 又曰：讀書須一件一件讀，理會了一件，方可換一件。若不與
> 逐件理會，雖讀到老依舊生。〔註36〕

> 又曰：須是精專窮研，使一書通透爛熟，都無記不得處，方別
> 換一書，乃為有益。若輪流通念，而窮之不精，則亦未免再費工夫
> 也。須是通透後，又卻如此溫習，乃為佳耳。〔註37〕

〔註34〕〔元〕不著撰人：《居家必用事類全集》，《為學》，《朱文公童蒙須知》，《讀書寫文字第四》，第4a～4b頁（總頁7）。

〔註35〕語出〔晉〕陳壽撰《三國志》裴松之注。裴注：「《魏略》曰：遇字季直……初，遇善治《老子》，為老子作訓注。又善左氏傳，更為作朱墨別異。人有從學者，遇不肯教，而云『必當先讀百編』。言『讀書百編而其意自見』。」見〔晉〕陳壽撰，〔宋〕裴松之注：《三國志·魏書》，（北京：中華書局，1982），卷十三，第420頁。

〔註36〕〔元〕不著撰人：《居家必用事類全集》，《讀書》，《朱子讀書法》，第24b頁（總頁17）。

〔註37〕〔元〕不著撰人：《居家必用事類全集》，《讀書》，《朱子讀書法》，第25a頁（總頁18）。

　　欲精專窮研一本書，務使將它通透爛熟，背誦自如後方可換書閱讀。在此之後，也須反覆溫習故書，如此才能更爲深入地理解其中文義。朱熹的說法反映了傳統中國士子求知問學的基本態度，以背誦爲核心，理解文義則是熟練之後自然衍生的結果。〔註 38〕經年累月的閱讀累積，並且持續地溫習故書，則使觸類旁通形成獨到見解成爲可能。

　　那麼，背誦經典要達到何種程度而後止呢？或是問題的反面是，理解到什麼程度之後才算通透呢？朱熹如是說：

> 又曰：大抵讀書，須是虛心靜慮，依旁文義根尋句脈，看定此句指意是說何事，略如今人言語襯貼替換一兩字。說得古人意思出來，先教自己心裏分明歷落，如與古人對面說話，彼此對答無一字一言不相肯可，此外都無閒雜說話，方是得個入處。怕見如此，棄卻本文，肆爲浮說，說得即當都忘了，從初因甚話頭說得到此。此最學者大病也。〔註 39〕

　　根據朱熹的講法，仔細靜心斟酌文義與語境脈絡，以還原古人立論的涵意，思緒清晰即同如與古人當面說話，彼此沒有任何意見分歧一般，如此才算深入理解。若放棄鑽研文本，隨意理解，則是學者的大弊病。這意味傳統士人在求知問學時不僅強調深入理解，其最終境地是達到與古人理解呈現一致，反之跳脫文本而自行立論則被視爲嚴重的弊病。從另外一段文字中也可以看到類似原則，譬如朱熹說：

> 事師如事父，凡事諮而後行。聽受其言切需下氣怡聲，不得驟有爭辯。……雖同學亦只可說義理論文字而已。專意辦自己功，則自然習熟進益矣。……早晚授業、請益，隨眾利，不得怠慢。日間思索有疑，用冊子隨手筆記，俟見質問，不得放過。所聞誨語，歸安下，處思省，要切之言，逐日筆記，歸日要看。見好文字，亦錄取歸來。〔註 40〕

〔註 38〕　不只是朱熹提及此種原則，其弟子程正思也有類似說法。「讀書必正心肅容，計遍數熟讀。遍數已足而未成誦，必欲成誦，遍數未足，雖已成誦，必滿遍數。一書已熟，方讀一書，毋務泛觀，毋務強記，非聖之言勿讀，無益之文勿觀。」〔元〕不著撰人：《居家必用事類全集》，《讀書》，《程正思論讀書》，第 25b～26a 頁（總頁 18）。

〔註 39〕　〔元〕不著撰人：《居家必用事類全集》，《讀書》，《朱子讀書法》，第 25b 頁（總頁 18）。

〔註 40〕　〔元〕不著撰人：《居家必用事類全集》，《爲學》，《朱文公童蒙須知》，《到婺州》，第 7b～8a 頁（總頁 9）。

遵循老師的教誨，如同對待父親，早晚聽課和請教不可怠慢。遇見疑問則需隨手記錄，伺機向老師請教；聽聞教誨言語則需反省思考，並且逐日記錄重要語言。上述論述則呈現了「師說」優先而「疑義」居後的求學原則。儘管朱熹也提倡學子隨時逐日做筆記，注重思考提問的態度，然而思考提問必須以師說爲依據，「聽受其言切需下氣怡聲，不得驟有爭辯。」逐日筆記也並非是自行追尋疑問的筆記，而是摘抄書中的好文字以時刻記憶。傳統中年輕學子的書籍閱讀範圍主要局限在儒家經典，對書籍通透理解的追求是與古人立論的理解達成一致；遵循師說和強調溫故知新，幾乎是長久以來傳統士人求知問學的基本原則。這也相當影響了傳統士人切入探索自然研究的思考角度，使得他們習慣用經典詮釋與師說反覆理解事物，直到歧異之處消失而與古人理解一致而後止。

這種方式固然是有助於後世學者直接精確地達到古人認識的同一高度，但與此同時，如此求知似乎也間接且大量地扼殺了存在於諸多奇思怪想中有價值的創新見解。因此，這似乎可以解釋何以傳統士人慣常以注疏傳統來形成自己的思考與著作，而長期以降的類書傳統之中，與經典論述有出入的時人論述也少見編纂者摘鈔引述。就算有王充、沈括、宋慈、謝肇淛、李時珍、熊明遇等對雷電認知得出特殊見地的智者，其論述與見解也無法持續爲後人所傳遞。

瞭解傳統士人如何吸收知識之餘，連帶地探討他們如何將知識輸出，同樣值得細究。朱熹與呂居仁（1084～1145）分別論述過作文之道，也被收錄於類書之中，由此可對士人使用文字立論著述的原則有所瞭解。譬如朱熹說：

又云：作文之法，意盡而言止者，天下之至言也。然而言止而意不盡，尤爲極至，如《禮記》、《左氏》可見。〔註41〕

文字確實表達思想已臻至立論著述的美善境界，然而思想豐富性若超過文字所能表述，一如《禮記》和《左傳》，則是最上乘的極致之作。值得細究的問題是：傳統士人究竟被鼓勵以何種原則立論著述？大體而言，進行自然研究時若無法準確地描述自然現象與做出清晰論證，文字傳遞知識的效果會有所減損。因此，若意盡而言止，意謂文字表述清晰，閱讀者可以準確地抓住論述者的意思，這會創造出進行自然研究良好的語言環境，反之，言止而

〔註41〕〔元〕不著撰人：《居家必用事類全集》，《作文》，《朱子論作文》，第 28a 頁（總頁 19）。

意不盡則可能導致相反的效果。在這個意義上，呂居仁與朱熹的標準有些不一致。譬如他說：

> 學者須做有用文字，不可盡立虛言。有用文字，議論文字是也。
> 議論文字，須以董仲舒、劉向爲主。《周禮》、《新序》、《說苑》之類，
> 皆當貫穿熟考，則做一日，便有一日工夫。〔註42〕

文章之妙，在敘事狀物。左氏記列國戰伐次第，敘事之妙也。韓昌黎、柳子厚諸序記可見狀物之妙。至於《禮記・曲禮》，委曲教人等事，《論語・鄉黨》記聖人言動，可謂至深。學者學文，若不本於此，未見其能遠過人也。〔註43〕

　　呂居仁認同意盡而言止的原則，大過於對言止而意不盡境界的喜好。他認爲清晰的思辨性是區分有用文字與虛言的分隔，立論亦須貫穿眾多例證而得出一個合理的結果，同時他也強調文章的奧妙之處在於準確地描述事物。學者立論著述若不以董仲舒、劉向，或是左丘明和韓柳等人的文字爲基礎以求精進，則文字平庸可知矣。雖然呂居仁提出了上述追求立論著述精進的標準，但不幸地，多數的傳統士人作文立論的最高追求似乎仍是「言止而意不盡」的境界，並不以清晰的描述與思辨性爲依歸。宋人劉本就曾經對類似的亂象提出深刻的批評，譬如他在《初學記・序》（1134）中說：

> 學者不問古人之文爲貫道之器，誦其詩，讀其書，往往獵取其
> 新奇壯麗，以駕其道聽途說入乎耳出乎口者，發爲一切之文，自許
> 高風逸氣，可以跨越乎古今，峻峰激流，可以吭駁乎觀聽，謂天地
> 造化之工，皆在其筆端，而聖人之用心處爲盡在此矣。〔註44〕

　　士人爲文，往往遺忘古人文以載道的精神，轉往獵取浮誇文字與各種奇說怪聞。立論取乎其大，著述跨越古今，聳人聽聞，自許筆端之妙堪比造化機巧，聖人亦如是著書論述。劉本的說法雖然是在批評士人著述浮誇背離古人之道，但是反過來說，他的說法恰巧反映，多數的士人立論著述當中，文字確實表達思想並不是人們普遍的追求，反而思想豐富超越文字所能表述，使文章餘韻不絕，甚至誇張怪誕以引人耳目才是人們致力達到的境界。爲了

〔註42〕　〔元〕不著撰人：《居家必用事類全集》，《作文》，《呂居仁論文法》，第 29b 頁（總頁 20）。
〔註43〕　〔元〕不著撰人：《居家必用事類全集》，《作文》，《呂居仁論文法》，第 29b ～30a 頁（總頁第 20 頁）。
〔註44〕　〔唐〕徐堅等撰，《初學記》（上冊），第 1～2 頁。

追求此一境界，士人立論著述浮誇的風氣才爲劉本所詬病。以進行自然研究的工作來說，這也造就閱讀者無法掌握立論著述者確切意思的障礙，同時也恰巧說明何以程端禮、朱熹與呂居仁等大家如此強調返回到古人經典，與古人理解一致的態度。

時至清末，此一現象仍然是中國人傳遞知識的普遍障礙，以致於嚴復（1854～1921）在1894年11月8日給長子嚴璩的一封家書中，仍深爲所苦。他說道：

> 我近來因不與外事，得有時日多看西書，覺世間惟有此種是眞實事業，必通之而後有以知天地之所以位，萬物之所以化育，而治國明民之道，皆捨之莫由。但西人篤實，不尚誇張，……且其學絕馴實，不可頓悟，必層累階級，而後有通其微。……以中國之糟粕方之，雖其間偶有所明，而散總之異，純雜之分，眞僞之判，眞不可同日而語也。〔註45〕

西學嚴謹且講求事實，不尚誇張，其論述不可以頓悟，必循序漸進，由粗淺道理而通精微。中學雖有精華，然而糟粕更多，其中雖亦有時闡明若干道理，但是相對於西學論述的完整性和純粹性，中學的道理顯得零散且混雜，眞假不分。嚴復的感慨固然出自於其西學知識背景，故可跳脫出傳統中學之外來評價中學，有其特殊性，然而值得注意的是他同時也認識到中學相對於西學，尚誇張、不講求事實，論述完整性與純粹性皆不如西學，以致於知識之間眞僞莫辨。這說明至少自宋至晚清，中國的知識傳遞過程始終爲文字浮誇所苦，因此演化出宿儒在論述求知論學之道時，幾乎皆不願背離傳統經典的詮釋，力求返回古人的理解之中。

經過分析，可以得知傳統士人在增進認識與得出知識是有一個相當大的轉向，其變化應是在唐宋之際發生，與科舉制度相關聯。古人窮究自然規律的此一原則並沒有很好地延續至後代，相反地，後人反而以擷取古人新奇壯麗之語以添增自己的文采與思考，追求言止而意不盡的境地，如此一來，加劇了傳統士人堆砌詞藻的風氣，大量遠離眞實的論述被傳遞下去，諸如雷公與龍的雷電認知，其流佈之廣，以及滲透力之深刻，就算歷代持續爲飽學之士所立論辯駁，亦無法撼動其生命力。此外，重視傳統經典論述和師說的態

〔註45〕 王栻主編：《嚴復集（三）》（北京：中華書局，1986），《書信》，《與長子嚴璩書·一》，第780頁。

度同樣形成了利弊同樣鮮明的環境，固然穩固地讓傳統主流思想以絕對優勢的地位傳遞至晚清，但是其缺點也極其明顯，其強大且固定的解釋體系使大量的傳統士人無法跳脫既定框架去仔細地體察自然界的眞實狀態，這導致格物致知之學就算一時興起，卻長期處於相對弱勢的地位，直至衰落。明清之際的熊明遇與方以智等人受限於傳統中學的解釋欲使西學成爲陰陽氣論的細緻補充，最終西學內化成傳統中學的一部分；晚清的劉岳雲與王仁俊借西學中源論處理近代電學的新知，儘管明顯地掩蓋不住西學優於傳統中學的解釋力，他們仍無法拋棄傳統氣論的框架來獨立地闡釋近代電學。同時，這些博極群書的飽學之士無一試圖跳脫文本中心的思維，改採親身觀察來檢視自身的雷電認知，便可說明以文本中心思維的傳統已相當穩定。

連帶地，長時段中的少數學者憑藉著自己的特殊經歷見聞而形成對雷電精闢的認知，亦在士人以傳統文本爲中心的價值觀下而遭致埋沒，不爲大眾所知悉。雷電認知中陰陽氣論的解釋框架長期處於顯說，更深入的細節諸如雷楔、雷虺震死、星辰中的雷電型態，以及雷火遇水而熄等記錄，皆鮮能爲人持續地討論，更不用說持續爲人所探索和辨析。

4.2　話語權的嬗變：中原傳統到多元並存

若仔細分析不同時期人們對雷電的認知，筆者察覺到在長時段的變遷中，雷電認知似乎不完全是傳統所認知的以陰陽氣論爲主要論述方式，反而陰陽氣論爲主流的這個情況有其發展過程，且在它成爲主流之後有更多不一致的異源說法與之並存。筆者透過《表一》整理歷代人們的雷電認知狀態以階層與地理分佈，分析此表，可以得到若干有趣的結論。

表 4.1　傳統中國的雷電認知表

朝代	姓　名	身份	出生地域	活躍地域	雷電認知
商	殷商先民	貴族		河南	聖地神祇
周	姬昌	貴族	安陽	陝西	雷電爲自然規律
周	管子學派	士人	不詳	臨淄（今山東）	雷電爲自然規律
秦	呂不韋等	士人	濮陽（今河南）	咸陽（今陝西）	雷電爲自然規律
西漢	陸賈	士人	楚地（今湖北）	長安（今陝西）	雷電爲自然規律 雷電爲陽氣

朝代	姓　名	身份	出生地域	活躍地域	雷電認知
西漢	劉安門客	皇族士人	壽春（今安徽）	淮南（今安徽）	雷電爲自然規律 雷電爲陽氣
西漢	戴德	士人	梁（今河南）	彭城（今徐州）	陰陽相交爲雷電
西漢	司馬遷等儒者	士人	龍門（今陝西）	長安	聖地神祇
東漢	郎顗	方士	安丘（今山東）	不詳	雷電爲自然規律
東漢	王充	士人	會稽（今浙江）	會稽（今浙江）	太陽激氣 雷電爲陽氣和火氣
東漢		方士			雷聲爲井水包覆火石
東漢		庶民			天怒 雷公致雷電 雷公爲力士
東漢	何休	士人	任城樊（今山東）	任城樊	雷電爲陽氣
東漢	高誘	士人	涿郡涿（今河北）	河北	雷電爲陽氣
東晉	范寧	士人	南陽（今河南）	豫章（今江西）	雷電爲陽氣
北魏	徐彥	士人	華陰（今陝西）	不詳	雷電爲陽氣
北魏		庶民			雉雛發出雷鳴
北周	盧辯	士人	范陽（今河北）	長安（今陝西）	雷電爲陽氣
唐	歐陽詢	士人	潭州（今湖南）	長安（今陝西）	雷電爲自然規律 陰陽相交爲雷電 雷公致雷電 雷車 天笑
唐	徐堅	士人	長興（今浙江）	長安（今陝西）	雷電爲自然規律 雷公致雷電
唐	長孫無忌	士人	洛陽（今河南）	長安（今陝西）	雷電爲自然規律 陽氣、火氣
唐	李勣	士人	曹州離狐（今山東）	長安（今陝西）	雷電爲自然規律 陽氣、火氣
唐	瞿曇悉達	士人	長安（今陝西）	長安（今陝西）	紅日必有雷電
唐	王希明	方士	不詳	不詳	天官中含雷電型態
唐	李淳風	道士	岐州（今陝西）	長安（今陝西）	龍驅使雷電 鱷魚驅使雷電 鬼神陰陽相感致雷

朝代	姓　名	身份	出生地域	活躍地域	雷電認知
唐	李肇	士人	不詳	長安（今陝西）	雷公為豬般的生物 雷楔為藥材
唐		庶民			雷公為豬般的生物 雷楔為藥材
唐	白居易	士人	太原（今山西）	江州（今江西） 忠州（今四川） 杭州、蘇州（今浙江） 同州（今陝西）	雷電為自然規律 陰陽相交為雷電 雷公致雷電 雷車 天笑
五代	關尹子 （偽作）	方士	不詳	不詳	雷電緣氣而生
北宋	沈括	士人	杭州（今浙江）	海州（今江蘇） 汴梁（今河南） 均州（今湖北） 潤州（今江蘇）	雷公遺落雷楔 雷火為龍火 道教雷神
北宋		僧侶			雷火為龍火
北宋		庶民			雷公遺落雷楔 道教雷神
北宋	程頤	士人	洛陽（今河南）	河南 四川	雷為天地怒氣
北宋	祝穆	士人	建陽（今福建）	福建	雷為天地怒氣
宋朝	張繼先 林靈素 王文卿等	道士		安徽、江西 溫州 江西	道教雷神 符籙、內丹感應招雷神
北宋	徽宗	皇帝	開封（今河南）	開封（今河南）	道教雷神
南宋	孔傳	士人	兗州（今山東）	邠州（今陝西） 陝州（今河南） 撫州（今江西）	雷公為豬般的生物 雷有洞穴
南宋	朱熹	士人	徽州婺源（今江西）	福建各地 江西與湖南	氣積鬱而併發 氣摩軋為雷，渣滓為雷楔 雷電為火氣 鬼神陰陽相感致雷 紅日必有雷電
南宋	方逢辰	士人	淳安（今浙江）	浙江各地 江東（今浙江）	陽氣為陰氣積蓄而併發

朝代	姓名	身份	出生地域	活躍地域	雷電認知
南宋	宋慈	士人	建陽（今福建）	信豐縣（今江西） 福建各地 毗陵（今江蘇） 贛州、常州、廣州	雷爲天火
元	岳熙載	士人	不詳	燕京（今北京）	雷電六星主興雷電 霹靂五星主陽氣 太盛擊碎萬物
明	劉基	士人	鳳陽（今安徽）	北京	紅日必有雷電
明	程登吉	士人	西昌（今江西）	不詳	道教雷神
明	謝肇淛	士人	長樂（今福建）	湖州、長樂、南京、 北京、雲南、廣西	雷爲陽氣之屬 龍驅使雷電 雷自地中起 雷公致雷電 雷公爲雞般的生物
明	陽龍子	士人	不詳	不詳	雷電爲自然規律 陰陽相交爲雷電 雷公致雷電 雷車 雷公爲豬般的生物 天笑 雷爲猛獸目中火光
明	陳允中	士人	不詳	不詳	雷公致雷電 天鼓 無雲而雷當有暴兵
明	李時珍	醫生	蘄春縣 蘄州鎮（今湖北）	武昌 蘄春 湖廣、江西、直隸	雷公致雷電 陰陽相交爲雷電 雷公遺落雷楔 雷公爲生物
明	邢雲路	士人	安肅（今河北）	臨汾、中州（今河 南）、陝西、安肅、 蘭州	雷電爲自然規律 雷電爲陽氣
明	熊明遇	士人	南昌進賢 （今江西）	長興縣（今浙江）、 福建、寧夏、南京	雷爲火氣、陽氣 電爲火氣燃燒土氣發光 雷楔爲火鍛燒土氣
明		庶民			雷公致雷電
明末 清初	方以智	士人	桐城縣（今安徽）	桐城、南京、廣州、 肇慶、湘、桂、粵 西一帶、桐城、金 陵	雷爲被陰氣包覆在內的陽氣 噴發

朝代	姓　名	身份	出生地域	活躍地域	雷電認知
明末清初	揭暄	士人	廣昌（今江西）	建寧（今福建） 廣昌（今江西） 長汀、福州（今福建） 豫章（今江西）	雷爲火氣、陽氣 雷中有生物 雷楔爲火、土氣結合
明末清初	游藝	士人	建陽（今福建）	建陽（今福建）	火氣爲水氣積蓄而併發 電爲火氣燃燒土氣發光 雷爲陰陽鬱怒之氣
明末清初	胡世安	士人	井研（今四川）	北京	龍驅使雷電 鱷魚驅使雷電 鬼神陰陽相感致雷
清	康熙	皇帝	北京	北京	雷爲火氣 雷楔爲雷氣化金石而成
清	鄭復光	士人	歙縣（今安徽）	廣東、雲南、山西、甘肅、江蘇、北京	雷爲惡氣，天地怒氣 雷火爲天火（龍火）
清		庶民			雷公乃龍
清	徐朝俊	士人	松江府（今上海）	上海	雷爲災害之氣
清	王初桐	士人	嘉定（今上海）	山東各地	雷爲龍之所化
清	王履泰	士人	絳縣（今山西）	安徽	龍驅使雷電
清	翟均廉	士人	仁和（今浙江）	不詳	異魚驅使雷電
清	鄭光祖	士人	？？	？？	龍驅使雷電 雷公致雷電
清	戴進賢	天文學家	德國	北京	雷電六星外增八星
清	劉岳雲	士人	寶應（今江蘇）	北京	雷電爲陽氣 陰陽相交爲雷電 電磁運動 電氣致地震 動物體帶有電氣 雷電緣氣而生
清	王仁俊	士人	吳縣（今江蘇）	北京 武昌 蘇州 上海	雷爲火氣、陽氣 雷爲撼動物體的氣 陰陽相交爲雷電

　　分析《表一》，陰陽氣論明顯地是自漢朝之後興起的雷電認知，雷電爲聖地的神祇，或是雷電爲自然規律是商周時期貴族與傳統士人的主流認知。由

於修纂歷史的需要，司馬遷仍引述過一次聖地神祇的概念，此後此一認知幾乎無人述及。同時，雷電爲自然規律的認知自周朝興盛後，經過郎顗於東漢順帝時詮釋過一次，僅即爲後世的詞藻和日用類書如《藝文類聚》、《初學記》、《白氏六帖》、《鼎鋟崇文閣匯纂士民萬用正宗不求人》，以及《唐律疏議》等律書所引用，只有《古今曆律考》將類似的認知重新運用在考察自然規律之上，並再次認可其說。因此可知，上述兩種雷電認知其實進入漢朝後即趨於沒落，僅零星地爲後人徵引之用，再無更多的發展與更新。

　　考察雷電爲聖地神祇和雷電爲自然規律等雷電認知分佈的地理位置，似乎位於河南、河北、山東、陝西一帶，即是傳統的中原地區。這與商周兩個民族活動區域大抵相符，而其思想爲後人引述而微弱地傳承下來，但以遠非雷電的主流認知。

表 4.2　上古商周時期形成的雷電認知及其傳承

朝代	姓　名	身份	出生地域	活耀地域	雷電認知
商	殷商先民	貴族		河南	聖地神祇
周	姬昌	貴族	安陽	陝西	雷電爲自然規律
周	管子學派	士人	不詳	臨淄（今山東）	雷電爲自然規律
秦	呂不韋等	士人	濮陽（今河南）	咸陽（今陝西）	雷電爲自然規律
西漢	司馬遷等儒者	士人	龍門（今陝西）	長安	聖地神祇
東漢	郎顗	方士	安丘（今山東）	不詳	雷電爲自然規律
唐	歐陽詢	士人	潭州（今湖南）	長安（今陝西）	雷電爲自然規律 陰陽相交爲雷電 雷公致雷電 雷車 天笑
唐	徐堅	士人	長興（今浙江）	長安（今陝西）	雷電爲自然規律 雷公致雷電
唐	長孫無忌	士人	洛陽（今河南）	長安（今陝西）	雷電爲自然規律 陽氣、火氣
唐	李勣	士人	曹州離狐（今山東）	長安（今陝西）	雷電爲自然規律 陽氣、火氣

朝代	姓　名	身份	出生地域	活耀地域	雷電認知
唐	白居易	士人	太原（今山西）	江州（今江西） 忠州（今四川） 杭州、蘇州（今浙江） 同州（今陝西）	雷電爲自然規律 陰陽相交爲雷電 雷公致雷電 雷車 天笑
明	陽龍子	士人	不詳	不詳	雷電爲自然規律 陰陽相交爲雷電 雷公致雷電 雷車 雷公爲豬般的生物 天笑 雷爲猛獸目中火光
明	邢雲路	士人	安肅（今河北）	臨汾、中州（今河南）、陝西、安肅、蘭州	雷電爲自然規律 雷電爲陽氣

　　進入漢朝，受陰陽家思想影響所及，雷電爲陽氣和陰陽相交爲雷電等想法一時大盛，自陸賈以降至長孫無忌與李勣，此一想法是雷電認知的主流，進入《新語》、《淮南子》、《論衡》等子書，甚至進入到經學的注疏系統當中，譬如《大戴禮記》、《春秋公羊傳》，後來也進入到實際的法令解釋如《唐律疏議》，並爲詞藻類書如《藝文類聚》和《白氏六帖》收錄與闡釋。這說明此一認知至唐中葉爲止的影響力極大，幾乎是文臣儒士共同的認知。

　　考察雷電爲陽氣、火氣，以及陰陽相薄感而爲雷等認知分佈的地理位置，位於陝西，河南，山東，山西等地的傳統中原地區，原本雷電爲聖地神祇，抑或雷電爲自然規律似乎已爲新的認知所取代，同時值得注意的是，新的認知範圍似乎開始擴散至湖北，湖南，江西，浙江，四川等華中一帶的區域。由於無法確知雷電爲陽氣等認知的始作俑者爲何人，筆者於此處無法分析出究竟是新的認知誕生自中原地區，經擴散而發散至華中一帶，抑或相反，由華中一帶產生出此一新穎的認知，反向進入中原，取代舊有認知。但是明顯地，雷電爲陽氣的認知範圍較原先的認知範圍擴大，更多區域的傳統士人表述了此一認知和進行著書散播，譬如劉安、王充、范寧、歐陽詢與白居易。傳統士人的雷電認知以漢朝爲分水嶺發生了一次重大的轉型。

表 4.3　漢唐之際陰陽氣論的雷電認知表

朝代	姓　名	身份	出生地域	活耀地域	雷電認知
西漢	陸賈	士人	楚地（今湖北）	長安（今陝西）	雷電爲陽氣
西漢	劉安門客	皇族士人	壽春（今安徽）	淮南（今安徽）	雷電爲陽氣
西漢	戴德	士人	梁（今河南）	彭城（今徐州）	陰陽相交爲雷電
東漢	王充	士人	會稽（今浙江）	會稽（今浙江）	太陽激氣 雷電爲陽氣和火氣
東漢	何休	士人	任城樊（今山東）	任城樊	雷電爲陽氣
東晉	范寧	士人	南陽（今河南）	豫章（今江西）	雷電爲陽氣
北魏	徐彥	士人	華陰（今陝西）	不詳	雷電爲陽氣
唐	長孫無忌	士人	洛陽（今河南）	長安（今陝西）	雷電爲自然規律 陽氣、火氣
唐	李勣	士人	曹州離狐（今山東）	長安（今陝西）	雷電爲自然規律 陽氣、火氣
唐	歐陽詢	士人	潭州（今湖南）	長安（今陝西）	雷電爲自然規律 陰陽相交爲雷電 雷公致雷電 雷車 天笑
唐	白居易	士人	太原（今山西）	江州（今江西） 忠州（今四川） 杭州、蘇州（今浙江） 同州（今陝西）	雷電爲自然規律 陰陽相交爲雷電 雷公致雷電 雷車 天笑

　　唐朝以降，陰陽氣論的雷電認知經歷了兩次較大的變化，雖然仍然沿用陰陽氣論來解釋雷電，其論述的根基與本質卻明顯與此前不同。第一次變化來自宋明理學家對陰陽氣論的重新形塑和深化，第二次則來自於西學東漸的亞里士多德哲學和近代電學的傳入，影響所及，陰陽氣論逐漸成爲一個日益複雜且無所不包的理論。

　　方逢辰與朱熹先後開始深入解釋陰陽相薄感而爲雷的個中細節，認爲陰氣包覆陽氣，陽氣突破陰氣併發而爲雷聲，此一論點在宋明時期似乎並不佔據統治性的地位，就筆者的觀察，陽龍子、謝肇淛和邢雲路似乎都持有不同

的觀點。後爲西學東漸時處理中西學兼容的傳統士人所運用，陽氣突破陰氣
併發而爲雷聲的此一認知就與亞里士多德三際說的學理相當程度上結合，從
而使方氏學派等名儒，直至康熙和鄭復光都基本上持有此一認知，晚清的劉
岳雲與王仁俊亦在西方近代電學的衝擊下亦選擇此一雷電認知作爲基礎，來
試圖兼容近代電學的諸多新知。西學東漸的衝擊似乎才是導致傳統士人認知
趨於集中，逐步使用陰陽氣論來闡釋雷電的原因。

　　考察陰氣包覆陽氣，陽氣突破陰氣併發而爲雷電的認知地理位置分佈，
可以看到 12 個不同認知來源有 9 位集中在浙江、江蘇、福建、江西、安徽等
地區，僅邢雲路與康熙身處是北方。12 個來源之中又有 7 個士人有在多地遊
歷的經歷。這似乎說明著原先在中原與華中一帶的傳統雷電認知，在宋朝以
後又再次擴大至華南與東南沿海一帶，但是在擴大的同時，有許多異源的雷
電認知開始與陰陽氣論的認知產生融合，進而可以發覺宋朝以降的傳統士人
除了認同陰陽氣論的雷電認知，更傾向多元地去認知雷電與其衍生出的現
象，如雷楔、雷公與龍，以及鬼神致雷電。

表 4.4　陰陽氣論的雷電認知及其傳承

朝代	姓 名	身份	出生地域	活耀地域	雷電認知
南宋	方逢辰	士人	淳安（今浙江）	浙江各地 江東（今浙江）	陽氣爲陰氣積蓄而併發
南宋	朱熹	士人	徽州婺源（今江西）	福建各地 江西與湖南	氣積鬱而併發 氣摩軋爲雷，渣滓爲雷楔 雷電爲火氣 鬼神陰陽相感致雷 紅日必有雷電
明	陽龍子	士人	不詳	不詳	雷電爲自然規律 陰陽相交爲雷電 雷公致雷電 雷車 雷公爲豬般的生物 天笑 雷爲猛獸目中火光
明	謝肇淛	士人	長樂（今福建）	湖州、長樂、南京、 北京、雲南、廣西	雷爲陽氣之屬 龍驅使雷電 雷自地中起 雷公致雷電 雷公爲雞般的生物

朝代	姓名	身份	出生地域	活耀地域	雷電認知
明	邢雲路	士人	安肅（今河北）	臨汾、中州（今河南）、陝西、安肅、蘭州	雷電爲自然規律 雷電爲陽氣
明	熊明遇	士人	南昌進賢（今江西）	長興縣（今浙江）、福建、寧夏、南京	雷爲火氣、陽氣 電爲火氣燃燒土氣發光 雷楔爲火鍛燒土氣
明末清初	方以智	士人	桐城縣（今安徽）	桐城、南京、廣州肇慶、湘、桂、粵西一帶 桐城、金陵	雷爲被陰氣包覆在內的陽氣噴發
明末清初	揭暄	士人	廣昌（今江西）	建寧（今福建） 廣昌（今江西） 長汀、福州（今福建） 豫章（今江西）	雷爲火氣、陽氣 雷中有生物 雷楔爲火、土氣結合
明末清初	游藝	士人	建陽（今福建）	建陽（今福建）	火氣爲水氣積蓄而併發 電爲火氣燃燒土氣發光 雷爲陰陽鬱怒之氣
清	康熙	皇帝	北京	北京	雷爲火氣 雷楔爲雷氣化金石而成
清	劉岳雲	士人	寶應（今江蘇）	北京	雷電爲陽氣 陰陽相交爲雷電 電磁運動 電氣致地震 動物體帶有電氣 雷電緣氣而生
清	王仁俊	士人	吳縣（今江蘇）	北京 武昌 蘇州 上海	雷爲火氣、陽氣 雷爲憾動物體的氣 陰陽相交爲雷電

　　譬如傳統以降對雷公與其相關聯的認知，可以檢視到 18 條記錄，一開始來自於庶民階層，認爲引發雷電的雷公是力士，或是由雞鳴產生，爲王充與徐彥所記錄。值得注意的是，王、徐兩人在記錄時並不採信這種說法，只是他們也清楚地說明此爲多數時人的認知。

　　但是唐朝的李肇在《國史補》中記錄了一則廣東雷州的庶民認知，認爲雷公是豬彘般的生物，且雷州人將雷楔入藥。從李肇任職史官的角度觀之，無論李肇是否認同雷州人的雷電認知，他如實地記述了雷州人的見聞進入史

書之中。此一記述爲南宋的孔傳和明代的陽龍子所引用，並且被明清之際的揭暄所論述。這顯示雷公是豬彘般的生物是一個與陰陽氣論同時並存的雷電認知，歷代皆有人引用或述及，普遍存在於庶民社會之中，偶爲士人認同、析辯、引述和討論。

　　除了豬彘的認知以外，雷公似雞的認知也普遍流傳於庶民社會。自徐彥所提及的庶民的雷電認知開始，至明朝後開始爲謝肇淛與揭暄再度述及，謝肇淛記述到自漢以降的雷公模樣即是雞形肉翅者，又記述到嶺南一帶有類似生物爲土人捉食。這顯示雷公爲雞形肉翅的生物由來已久，從未中斷過。有意思的是，謝肇淛本身經過詳細的思考也認同此說較陰陽氣論更爲合理。與李肇相同，這也是一個明顯的庶民認知影響到傳統士人認知的案例。相對地，揭暄仍回到傳統士人的認知傳統之中，認同陰陽氣論的合理性，並辯駁了陽氣與雞形生物的關係。

　　龍的認知則與上述兩者的來源不同，來源於佛教與道教，並藉由宗教來擴散。唐朝道士李淳風似乎是首先論及龍可以驅使雷電的人，但是根據沈括的記述，佛教典籍與僧侶也記述了雷火爲龍火的見解，這兩種說法孰先孰後並沒有足夠的史料來判定，然而進入明清之後，謝肇淛論述了龍取靈珠的見解，並以其親身見聞支持了雷公捉龍的認知。胡世安引述了李淳風《感應經》的論述，認同鱷魚的神靈與龍相似，皆能招雷喚雨。王履泰和翟均廉也記述了道士感應龍神降雨，以及異魚感應雷電的事蹟。鄭復光雖然不認同其說，但是他記錄了庶民普遍有雷公爲尖吻利爪的認知。鄭光祖則直接認同龍神夾帶水氣上天際形成雲。由此可知，與傳統士人認同陰陽氣論的認知不同，雷公的認知普遍存在於庶民之間，並偶爲士人所引用述及，無論是豬、雞還是龍，士人在早期多半質疑其說，但是受到宗教擴散的影響所及，並無損其在庶民階層強大的生命力，甚至進而爭取到若干士人的認同。三者之中，豬的認知似乎相對區域性，雞與龍的認知則分佈範圍似乎更廣。

表 4.5　傳統對雷電的異源認知表

朝代	姓　名	身份	出生地域	活耀地域	雷電認知
東漢		庶民			天怒 雷公致雷電 雷公爲力士
北魏		庶民			雉雛發出雷鳴

朝代	姓　名	身份	出生地域	活耀地域	雷電認知
唐	李淳風	道士	岐州（今陝西）	長安（今陝西）	龍驅使雷電 鼍魚驅使雷電 鬼神陰陽相感致雷
唐		庶民		雷州	雷公為豬般的生物 雷楔為藥材
唐	李肇	士人	不詳	長安（今陝西）	雷公為豬般的生物 雷楔為藥材
北宋		僧侶			雷火為龍火
北宋	沈括	士人	杭州（今浙江）	海州（今江蘇） 汴梁（今河南） 均州（今湖北） 潤州（今江蘇）	雷公遺落雷楔 雷火為龍火 道教雷神
南宋	孔傳	士人	兗州（今山東）	邠州（今陝西） 陝州（今河南） 撫州（今江西）	雷公為豬般的生物 雷有洞穴
南宋	宋慈	士人	建陽（今福建）	信豐縣（今江西） 福建各地 毗陵（今江蘇） 贛州、常州、廣州	雷為天火
明	李時珍	醫生	蘄春縣蘄州鎮（今湖北）	武昌 蘄春 湖廣、江西、直隸	雷公致雷電 陰陽相交為雷電 雷公遺落雷楔 雷公為生物
明	陽龍子	士人	不詳	不詳	雷電為自然規律 陰陽相交為雷電 雷公致雷電 雷車 雷公為豬般的生物 天笑 雷為猛獸目中火光
明	謝肇淛	士人	長樂（今福建）	湖州、長樂、南京、北京、雲南、廣西	雷為陽氣之屬 龍驅使雷電 雷自地中起 雷公致雷電 雷公為雞般的生物
明末清初	揭暄	士人	廣昌（今江西）	建寧（今福建） 廣昌（今江西） 長汀、福州（今福建） 豫章（今江西）	雷為火氣、陽氣 雷中有生物 雷楔為火、土氣結合

朝代	姓　名	身份	出生地域	活耀地域	雷電認知
明末清初	胡世安	士人	井研（今四川）	北京	龍驅使雷電 鼉魚驅使雷電 鬼神陰陽相感致雷
清	王初桐	士人	嘉定（今上海）	山東各地	雷爲龍之所化
清	王履泰	士人	絳縣（今山西）	安徽	龍驅使雷電
清	翟均廉	士人	仁和（今浙江）	不詳	異魚驅使雷電
清	鄭光祖	士人	？？	？？	龍驅使雷電 雷公致雷電

　　傳統士人對雷電的親身見聞所帶來的新穎認知，也添增了士人對雷電的多元理解。長期以來，雷電即爲占候與星象中的一個天象，會產生某些預兆。唐代的瞿曇悉達認識到天出紅日，隨後必有雷電大雨。此一論述爲宋代的朱熹與明代的劉基所引述，並且被陳允中進一步地闡發，說明晴天暴雷預示著兵災。同時，不只是作爲自然的異相，雷電在星象上也有專屬的星群來預示著是否發生，但是這類認知主要集中在欽天監中從事星象觀測的技術官僚中。譬如唐代王希明就寫出歌訣描述出室宿的六個雷電星象，雖然他並未明確表示星象是否主宰著世間雷電的形成，但是此一想法被元代的岳熙載承襲和擴大，最終形成雷電六星主宰雷電，霹靂五星主宰陽氣，星象確實影響著雷電的發生。只是這類型的雷電認知後來逐漸衰落，並未成爲傳統士人的主流認知。

　　占候與星象之外，方士、道士與僧侶也提供了饒富興味的雷電認知。方士如郎顗、爲王充所記錄的方士，王希明和託名作《關尹子》的五代時期作者，他們普遍有親身考察自然事物的習慣，像是郎顗觀察過春雷過後，萬物始滋生活動的情況；王充同時期的方士則將燒熱的石頭丟進井水中模擬出雷聲；王希明則觀察天象，認爲宿室天官中挾帶六個雷電星型，《關尹子》的作者則發現石頭碰撞石頭則發光，是以雷緣氣而生。這似乎說明在傳統陰陽氣論的認知下，方士仍是透過親身觀察自然而得出不同認知的主要人群，然而這種做法在唐朝以降逐漸式微。方士之外，道士給出一種獨特的認知，他們重塑出道教中的雷部諸神，並且強調鬼神感應致雷電。李淳風似乎首開風氣，

認爲生物龍與鱷魚等水中靈異之物能與天地相感而招雷致電，此一認知影響後世甚巨，亦具有強大的生命力；張繼先、林靈素、王文卿等北宋道士則擴充了道教的雷部神靈譜系，同時又將符籙與內丹的道法帶入雷電認知當中，明確記述出鬼神感應雷電的法門，以致於朱熹也將鬼神感應致雷電的認知也納入宋明理學的雷電闡釋當中。考察他們的地理分佈，可以看出道教的勢力以華中與華南的名山爲核心，在內陸區域最具影響力。〔註 46〕由此可知，道教爲雷電認知帶來另一個截然不同的傳統，與源自於華北地區的《易》傳統，以及其衍生出的陰陽氣論並不兼容。最後是僧侶，他們也提出了對雷電不同的認知而爲沈括和鄭復光提及，同樣與《易》的雷電認知不同，他們認爲電是龍吐火而形成，故電只融化金石而不損其他事物。

雷楔作爲傳說中雷公遺墜之物，更是爲傳統士人討論雷公的基礎與焦點所在，透過雷楔，他們也形成了一種親身觀察的雷電認知。雷楔最早來自李肇的記錄，記述著雷州人撿拾雷楔和雷墨作爲秘藥，令病患食用。沈括援引此一說法並加以親身觀察，認同確有雷楔一事，同時他也記錄了雷電之後留有篆文一事，後爲宋慈在雷震死的觀察中加以論述，確認了人受雷殛致死後的確會出現莫名的篆文，爲天火燒灼的痕跡。憑藉著這兩種現象的觀察基礎，人們試圖推論雷楔形成與雷公致雷電的個中細節。譬如朱熹認爲雷楔其實是氣相摩擦而剩餘的渣滓；李時珍則對雷楔做出細緻地檢查，確認雷楔爲紫黑色的石頭，是雷公劈擊而墜下的物體；謝肇淛經過數年的觀察，發現雷公出地時似乎有定所；康熙也於蒙古瀚海上拾得雷楔，認爲雷楔乃雷火融化當地的金石而形成。上述的論述都是藉由觀察和討論具體的雷楔，連帶地推敲和認可了雷公的存在，雖然討論者不多，但也形成了有別於陰陽氣論以外的獨特雷電認知傳承。

考察觀察雷楔和對其相關的認知地理位置分佈，可以看到除了李肇僅僅是記錄廣西雷州風俗，康熙北至瀚海，其他五個士人，沈括、宋慈、朱熹、李時珍和謝肇淛則都是出自南方，以杭州、福建和湘湖一帶爲主。這說明雷楔的認知很可能出自於南方沿海地區，經過擴散而流傳至湘湖地區，是一種明顯的與傳統陰陽氣論反向的認知擴散與滲透。

〔註46〕道教興盛的區域從東漢的巴蜀地區，到魏晉南北朝的江南一帶，再至宋代以降的茅山、龍虎山、閤皂山三座名山。其影響範圍主要分佈在華中與華南。

表 4.6　傳統士人對雷電的親身觀察認知表

朝代	姓　　名	身份	出生地域	活耀地域	雷電認知
東漢	郎顗	方士	安丘（今山東）	不詳	雷電爲自然規律
東漢		方士			雷聲爲井水包覆火石
唐	王希明	方士	不詳	不詳	天官中含雷電型態
唐	瞿曇悉達	士人	長安（今陝西）	長安（今陝西）	紅日必有雷電
唐	李淳風	道士	岐州（今陝西）	長安（今陝西）	龍驅使雷電 鱷魚驅使雷電 鬼神陰陽相感致雷
唐	李肇	士人	不詳	長安（今陝西）	雷公爲豬般的生物 雷楔爲藥材
五代	關尹子 （僞作）	方士	不詳	不詳	雷電緣氣而生
宋朝	張繼先 林靈素 王文卿等	道士		安徽、江西 溫州 江西	道教雷神 符籙、內丹感應招雷神
北宋	沈括	士人	杭州（今浙江）	海州（今江蘇） 汴梁（今河南） 均州（今湖北） 潤州（今江蘇）	雷公遺落雷楔 雷火爲龍火 道教雷神
南宋	宋慈	士人	建陽（今福建）	信豐縣（今江西） 福建各地 毗陵（今江蘇） 贛州、常州、廣州	雷爲天火
南宋	朱熹	士人	徽州婺源 （今江西）	福建各地 江西與湖南	氣積鬱而併發 氣摩軋爲雷，渣滓爲雷楔 雷電爲火氣 鬼神陰陽相感致雷 紅日必有雷電
元	岳熙載	士人	不詳	燕京（今北京）	雷電六星主興雷電 霹靂五星主陽氣 太盛擊碎萬物
明	劉基	士人	鳳陽（今安徽）	北京	紅日必有雷電
明	陳允中	士人	不詳	不詳	雷公致雷電 天鼓 無雲而雷當有暴兵

朝代	姓 名	身份	出生地域	活耀地域	雷電認知
明	李時珍	醫生	蘄春縣蘄州鎮（今湖北）	武昌 蘄春 湖廣、江西、直隸	雷公致雷電 陰陽相交爲雷電 雷公遺落雷楔 雷公爲生物
明	謝肇淛	士人	長樂（今福建）	湖州、長樂、南京、北京、雲南、廣西	雷爲陽氣之屬 龍驅使雷電 雷自地中起 雷公致雷電 雷公爲雞般的生物
清	康熙	皇帝	北京	北京	雷爲火氣 雷楔爲雷氣化金石而成

　　藉由上述的討論，可以清晰地呈現出來。傳統的雷電認知其實並非一成不變的存在，而是經過四次較大的更迭，最終形成一個以陰陽氣論爲主體，底層卻蘊含多種不同認識的綜合性的認知。在此一脈絡中，雷電認知從早期發源自中原地區逐步擴散至華中一帶，隨後大抵統一了整個傳統中國的思想論域。然而，爲人所不熟悉的現象是，在西學東漸之前，已經存在不同的雷電認知諸如鬼神感應，雷公與雷楔等認知，藉由佛道等宗教影響力，開始從華中一帶和東南沿海區域反向地傳播。進入到明清時期，可以看到與中國傳統異源的西學兩次傳入，卻始終形成被傳統中學作爲細緻補充的趨勢，最終內化至傳統的陰陽氣論之中。然而值得注意的是，西學傳入似乎卻也使得傳統士人的雷電認知逐漸收束至陰陽氣論當中，原先較爲怪誕的雞鳴、天笑、鬼神感應和雷公等認知亦逐漸淡出傳統士人的思想論域。

　　從諸種雷電認知的誕生與傳播來看，傳統士人並不是創生出新穎認知的群體，相反地，他們往往只扮演著一個認知承載體的角色，傳承傳統以降的雷電認知、記錄新穎的論述和現象，偶而予以辯駁討論。從筆者的梳理當中呈現的是，方士、庶民、技術官僚、道士和傳教士反而是創生出新穎的雷電認知的主要族群，這些新穎的認知在大多數的狀況反過來影響著傳統士人的雷電論述，在陰陽氣論的基礎下巧妙地形成異源知識的融合，最終被內化至陰陽氣論當中。偶而存在著王充、沈括、謝肇淛、康熙和劉岳雲等士人階層透過自己的親自觀察和見聞對雷電認知做出析辯，但是相對於大多數的傳統士人，此類士人顯得十分稀少。它們察覺到的新穎認識，處境也與西學一般，形成傳統中學的細緻補充，被大量內化至陰陽氣論當中。

4.3　自然知識流佈與創新的困境

在瞭解到不同人群有著相異的雷電認知層次，且在陰陽氣論的思想論域中形成多元並存的雷電認知狀態，筆者擬進一步釐清的問題在於，何以前述兩種現象會長時期地存續在傳統中國之中，而不是某一優勢理論全面徹底地形成具統治性的範式，或是換言之，何以自漢朝以降的陰陽氣論認知傳統無法在進入宋代後繼續維持其純粹性，持續地讓其他雷電認識與之融合。是以筆者試圖從確定性的缺失，碎片化的提問意識，以及干擾自然知識傳遞的現實困境三者來析論此一問題。

4.3.1　確定性的缺失

筆者注意到長時段的傳統士人論述中，除卻重述經典權威的論述外，缺少檢驗精神與不可知論成為士人論述中相當醒目的部分。一方面，絕大多數的傳統士人並不親自檢驗典籍中的論述是否真確，往往以寧可信其有，不可信其無的態度對之，一體兩面的結局就是他們不時會主張不可知論，強調以人智無法窮測天地奧妙。相對地，若是觀察傳統士人引述方士，僧道，技術官僚，以及庶民的論述，往往會察覺極大的反差。這些族群並不以多識與周全為美，確定性反而在上述人群中呈現出來。譬如，范甯為《穀梁傳》注述時說道：

> 劉向云：雷未可以出，電未可以見。雷電既以出見，則雪不當復降，皆失節也。雷、電，陽也。雨、雪，陰也。雷出非其時者，是陽不能閉陰，陰氣縱逸而將為害也。〔註47〕

東晉的范甯引用 350 年前的劉向（ca. 77 B.C.～6 B.C.）的論述，並加上自己的見解，說雷與電屬陽，雨與雪屬陰，雷電在不適宜的時間發生，是陽氣不能封閉陰氣，陰氣將擴散且帶來災害。時值 1621 年，依然可以見到幾乎一致的論述出現在準備修訂曆法的邢雲路《古今律曆考》中。譬如邢雲路解釋雷電時說道：

> 震，雷也。電，雷光也。左傳謂：夏之正月，微陽始出，未可雷電，為非時。穀梁謂：八日之間，再有雨雪大變，故謹而日之。公羊謂：月令，二月雷乃發聲，正月雷電，為不時。劉向云：雷未

〔註47〕〔晉〕范甯注：《春秋穀梁傳》，卷二，《隱公第一》，第 177 頁。

可以出，電未可以見，雷電既已出見，則雪不當復降，皆失節也。
雷電，陽也。雨雪，陰也。雷出非其時者，是陽不能閉陰，陰氣縱
逸而將爲害也。〔註48〕

這個論述說明修訂曆法的知識領域中，早期陰陽氣論的認知仍然是根深
蒂固的基本概念外，更值得注意的是，邢雲路並無意檢視漢儒論述與歷代雷
電認知論述的眞僞，而是直接加以援引和使用。從這個側面來看，主流的傳
統士人習慣於直接引用經典論述而幾乎不加懷疑，這並非歷時不夠長，抑或
范甯與邢雲路治學不嚴謹的問題。筆者認爲應該歸結爲更基本的原因，傳統
士人在弱冠求學時過於習慣接受經典權威的詮釋，是以陷入傳統以降相當穩
固的知識框架，一定程度地喪失了對自身知識反思的能力。

然而這種穩固的知識框架又遭遇到兩個外源的因素使框架自身的細節日
益擴大而無法精確化。其一是「君子恥一物之不知」而習慣記錄奇聞軼事的
態度，其二是相反面的不可知論態度。在記錄奇聞軼事的例子中，最典型的
莫過於李肇和王初桐，譬如李肇說道：

或曰：雷州春夏多雷，無日無之。雷公秋冬則伏地中，人取而
食之，其狀類彘。又云與黃魚同食者，人皆震死。亦有收得雷斧、
雷墨者，以爲禁藥。

李肇長期修史，透過親自接觸到各類史料，因而記錄雷州人當地的特殊
風俗，雷公可掘地捉食；人若同時食入雷公與黃魚入菜的菜肴輒被震死；以
及當地人收集雷楔以爲禁藥。這都說明不曾到過雷州的李肇將這些特殊見聞
放入史書中，其是抱持寧信其有，莫信其無的原則。因此這個記錄遂進入傳
統的雷電認知爲後世學者如謝肇淛、方以智，以及揭暄等人使用和辯駁。同
樣地，王初桐也有類似性質的記錄，譬如他說道：

【化】《稽神錄》：王建稱尊於蜀，其嬖臣唐道襲爲樞密使，夏
日在家，會大雨。其所畜貓戲水於簷下，稍稍而長，俄而及簷，忽
雷電大至化爲龍而去。

王初桐引述一則貓化生成龍的故事，論其性質也屬於記述奇聞軼事，幾
乎不曾見過任何類似觀點的論述。然而這個記述符合化生論，是以連帶增
加雷電認知的空間，使雷電認知與化生論因貓化爲龍而產生聯繫。上述兩者
都是記述未曾親見的奇聞軼事而致使雷電認知無法精確化的事例。前者爲

〔註48〕 〔明〕邢雲路輯：《古今律曆考》，卷五，《春秋考》，第67頁。

後世學者較常援引和使用，後者則幾乎爲獨立的記述，然而無論是否有後世學者加以援引，此二種認知皆無法透過反覆爲人援引與討論而使其說法趨於精確。

傳統士人記述奇聞軼事而寧信其有的相反面則是陷入不可知論。並非歷代士人都不曾質疑過經典論述，部分士人其實做過類似的工作，譬如沈括、謝肇淛、方以智、劉岳雲，但是往往陷入另外一種不可知論的傾向，認爲以人智無法窮測天地奧妙。譬如沈括說道：

> 人必謂火當先焚草木，然後流金石，今乃金石皆鑠而草木無一毀者，非人情所測也。佛書言「龍火得水而熾，人火得水而滅」，此理信然。人但知人境中事耳，人境之外，事有何限，欲以區區世智情識窮測至理，不其難哉。

沈括得知雷火僅融金石而不毀草木，認定這種現象是超越凡人智識之外的事物所致，同時引述佛典的說法，認可其爲確說，其理非人類智識所能窮盡。這樣的論述固然是增加雷電認知的又一案例，但是依然無法給定一個解釋，直接導向人智不可知曉，無疑地增加雷電認知的複雜性。與之相類的還有謝肇淛的論述，譬如他說道：

> 然雷之形，人常有見之者，大約似雌雞肉翅，其響乃兩翅奮撲作聲也。宋儒以陰陽之理解釋雷電，此誠可笑。夫既有形有聲，春而起，秋而蟄，其爲物類審矣，且與雲雨相挾而行，又南方多而北方少，理之不可曉者。

謝肇淛爲了解析雷電的形象，認同漢代以降雷公爲母雞般的形象，同時譏笑宋明理學家以陰陽氣論來解釋雷電相當愚昧。理由是雷電春起秋伏，一如生物春夏活躍，秋冬蟄伏，因而他認定雷公必爲生物。既若如此，又該如何解釋此類生物其常挾帶雲朵和落雨，且發生在南方多於北方呢，謝肇淛則並未給出合理闡釋。似乎可以如此理解，謝肇淛抓住一個明確的特徵來推論雷電的本質，可惜的是，他面臨到雷電的其餘特徵時卻又無法全盤納入考慮而深入推論，以給出更切實的解釋，反而回歸不可知論而以此滿足。某種程度上反映出傳統士人的慣性思維，「知之爲知之，不知爲不知，是知也」的古訓。

西學東漸之後，方以智雖然習得許多傳教士帶來的系統性自然知識，但是他仍然秉持類似的原則治學。譬如他說：

> 觸人作字,則煙暈汗流,黑晰相間者也。曾見三丈之內,發無
> 彈之藥,銃中人,人爲火器衝仆,其面黑汗成文,不可推耶,至於
> 附氣靈應,神之格思,不可度思,茲且窮質測耳。

由於雷殛人而使人體受到燒灼且流汗,形成無法辨認的黑色文字。方以
智是以拿鳥銃擊發火藥,射向人體爲比擬,說明會發生類似雷殛的現象。至
於雷殛人是否有神靈主宰其事,方以智認爲不可推究,故他僅討論實測可得
的結論。就算是方以智已隱然否定雷公主宰雷電殛人的見解,他這裡依然謹
守討論質測範疇的原則,對無法推究的事物不加評論。此類「未能事人,爲
能事鬼」的態度雖然增加了較爲精準的雷電認知,卻無法在此一基礎上排除
掉過時且荒誕不羈的認知。熊明遇雖然較方以智更爲激進,也只是走到將他
認爲不可相信的認知歸類在《格致草·渺論存疑》中,卻依然予以呈現。

清末的劉岳雲在這一點上並未因爲接受較多的近代科學而走得更遠,面
對不同且難以釐清的見解,他選擇採取一個中立、客觀但不下結論的做法。
譬如他說:

> 岳雲謹案:雷由地出必有一線小孔,上達遇木洞穿,遇鐵則
> 傳。若由水出,人不及察。若由山出,因山沉重,氣亦厚積,厥勢
> 震動牽引旁處。地震時指南針亂,久之始復。故知地動是由電氣。
> 又案:近來談西學者分地震爲三類,一陷落地震,謂地生虛隙,上
> 面壓下,因致地震;二火山地震,謂火山爆發地勢撼動;三斷層地
> 震,謂地湧出山,其力甚大,地皮薄處隨之撼動,並異予說,俟聖
> 者證之。

劉岳雲一方面認同電氣是構成地震的原因,從地震後地面存有小孔,以
及地震後指南針亂動不已即得明證,但是他似乎稍晚又接觸到另一新說,以
地質學原理中的板塊與火山運動來說明地震,這使他開始陷入思慮而無法定
奪。值得注意的是,劉岳雲最終的結論是不做判斷,將兩種相左的認知同時
呈現,以待後人釐清。這種做法十分類似於司馬遷以降史官敘事採用的傳
統,雖然是客觀地論述事實,但是類似的做法卻也喪失取得更精確的確定性
的可能。

4.3.2 碎片化的提問意識

另一個知識傳遞障礙可能在於著述者在討論自然知識時的提問意識碎片
化,由於沒有有效的問題貫串論述,著述者的雷電認知顯得碎片。筆者翻閱

各色文獻的過程中，具有問題意識的作者極少，就算作者意識到某些地方存在問題而試圖提出疑義時，呈現的議論也多半零散而不連貫，反映出其缺乏具組織性的問題意識。在這種情況下，被提出的疑難與思辯在整個論述過程中亦顯得無足輕重。這個現象在傳統士人的雷電認知中顯得也十分鮮明，是除卻後人囿於經典古說的權威性影響以外另一重要特質。筆者擬於下文對此展開析論。

事實上，傳統以降的雷電認知脈絡，是以援引經典古說和爲之補充論述爲主體，多數著述者的重心只放在陳述眞實發生過的自然現象，以及闡釋其背後原理，問題意識是確實存在，但僅占極小的部分。若仔細觀察這部分，可以檢視傳統士人如何提問和尋求解答。譬如說王充提出一段極其精彩的自問自答，他說道：

> 何以驗之，雷者火也？以人中雷而死，即詢其身，中頭則鬚髮燒焦，中身則皮膚灼燌，臨其屍上聞火氣。一驗也。道術之家，以爲雷燒石，色赤，投於井中，石燋井寒，激聲大鳴，若雷之狀。二驗也。人傷於寒，寒氣入腹，腹中素溫，溫寒分爭，激氣雷鳴。三驗也。當雷之時，電光時見大若火之耀。四驗也。當雷之擊時，或燔人室屋，及地草木。五驗也。夫論雷之爲火有五驗，言雷爲天怒無一效。然則雷爲天怒，虛妄之言。〔註49〕

王充對自己提出雷爲何是火的疑問後，列舉了五個明確的觀察來支持雷電與火在本質上相同。雷殛人後屍身遺留火氣；石頭加熱後丟入井水狀似雷鳴；寒氣入腹而聲音大作；電光如飛火般閃耀；雷電下擊屋室焚毀。王充由上述五個現象反推雷必是火，因其造成與高溫燒灼類似的效果。明代的熊明遇也有一段極爲漂亮的自問自答來論證雷電的形象問題，譬如他說道：

> 或曰：人間畫雷，象如鬼神狀，又有見雷如飛鴨形者，是耶非耶？曰：氣之所聚，即化爲神，如人身氣旺，便自神狀。天行元氣，豈無神司，偶落幾目，變爲影像，是雷之神，非雷之體。雷體在火，故電光可見而雷不可見，畫者作持斧椎鼓狀，世俗之陋也。〔註50〕

對於雷電的形象，世人眾說紛紜，熊明遇由是予以闡釋。他說雷的本質

〔註49〕　〔漢〕王充；黃暉撰：《論衡校釋·一》，卷六，《雷虛篇》，第 309 頁。

〔註50〕　〔明〕熊明遇撰：《格致草》，《氣化》，《雷電》，第 90a～91a 頁（總頁 105～106）。

是氣的聚集，故化爲神形，這一點好比人體身強氣旺即具有神形，兩者道理相通。元氣在天際聚集必然有神靈主宰，受氣質化爲形狀之故，世人見其形狀，這並不是雷電的本體，僅是雷電氣質化爲形狀的樣子。這段論述亦極其精彩，以人體的精神氣質來比擬和闡釋同樣的道理適用於雷電形象，是一個較爲完整的問題意識與析論。然而類似王、熊般有如此問題意識來討論雷電認知的傳統士人十分稀少，就筆者的觀察，僅東漢王充、明代謝肇淛和熊明遇，以及清代的鄭復光使用過類似的論述過程，然而此類做法也並不是王、謝、熊、鄭四人典型的論述方式，僅偶而爲之。若考察王充的其他提問方式，可明顯看到個中差異。譬如他說道：

> 實說雷者，太陽之激氣也。何以明之？正月陽動，故正月始雷。
> 五月陽盛，故五月雷迅。秋冬陽衰，故秋冬雷潛。〔註51〕

同樣地，王充在此也嘗試提問，闡釋雷電爲何是太陽的激氣，然而此處他的論證過程就較爲簡單，僅以空際中的雷電頻繁程度來做爲考察。另一種情況是他會如此提問說道：

> 試以一斗水灌冶鑄之火，氣激襲裂，若雷之音矣。或近之，必
> 灼人體。天地爲爐，大矣，陽氣爲火，猛矣；雲雨爲水，多矣，分
> 爭激射，安得不迅？中傷人身，安得不死？〔註52〕

他嘗試拿冷水澆入煉鐵的火爐來比擬陽氣煉冶著火爐般的天和地，雲雨如冷水般澆下天地之中，所噴發激射之物必然極爲迅猛和炙熱，人體觸之必然重傷致死。王充此處的提問僅是一種反詰句，爲了使語氣增強而爲之的方式，實際上，他並沒有爲這個推想進一步地去驗證。謝肇淛也運用過類似的提問和論證方式來闡釋雷電殛人的問題。譬如他說道：

> 蓋其起伏不恒，或有卒遇之者。至於擊人，則非大故，不足以
> 動天之怒耳。然而世之兇惡淫盜者，其不盡擊，何也？曰此所以爲
> 天也。使雷公終日轟然，搜人而擊之，則天之威褻矣。聖人迅雷風
> 烈必變，不可以自反無缺，而遂不敬天怒也。〔註53〕

天雷殛人之事時有發生，這說明惡貫滿盈之人使天動怒而遣雷殛之。然而謝肇淛詢問，爲什麼窮凶極惡的人如此多而雷電不盡殛殺之？對於這個問

〔註51〕 〔漢〕王充；黃暉撰：《論衡校釋·一》，卷六，《雷虛篇》，第305～307頁。
〔註52〕 〔漢〕王充；黃暉撰：《論衡校釋·一》，卷六，《雷虛篇》，第307～308頁。
〔註53〕 〔明〕謝肇淛撰：《五雜俎》，《天部一》，第13頁。

題，謝肇淛思考後的解答是，若雷電轟殛頻繁常見就不能再對人們形成威懾力，人們也不會再為雷殛之事反省自身缺失。上述論述顯得頗為完整，給出雷不盡殛惡人的解釋，但是謝肇淛也會使用反詰的方式來增強語氣，並不形成真正的問題意識。譬如他說道：

> 今嶺南有物，雞形肉翅，秋、冬藏山土中，掘者遇之，轟然一聲而走，土人逐得，殺而食之，謂之雷公。余謂此獸也，以其似雷，故名之耳。彼天上雷公，人得而食之耶？〔註54〕

　　嶺南的居民掘拾地中雞形肉翅的一種生物，認為它就是雷公，謝肇淛聽聞之後覺得益發可笑。直覺告訴他，天上的雷公不可能被人們在地上捉食，該種生物只是模樣恰似雷公，並不真的是雷公本身。這段論述中，謝肇淛的提問僅在於反詰，並不形成真正的問題意識，也未能對這個問題給出細緻的論證，否定雷公不可捉食的依據僅止於神靈無法被人食用。上述王充與謝肇淛的反詰式提問顯然是一個不明確的問題意識，同時顯得碎片化。

　　是否有較為連續的提問方式使問題意識較為鮮明呢？從《朱子語類》中可以看到類似的案例呈現。透過朱熹門徒的筆記得以看出在朱熹的授課中，學生的疑問是層出不窮且明顯的。譬如其中兩段筆記如此記述道：

> 問：「雷電，程子曰只是氣相摩軋。是否？」曰：「然」。「或以為有神物」曰：「氣聚則須有，然才過便散。如雷斧之類，亦是氣聚而成者。但已有渣滓，便散不得，此亦屬成之者性。」張子云：「其來也，幾微易簡；其究也，廣大堅固。」即此理也。〔註55〕

> 「天地始初混沌未分時，想只有水火二者。水之滓腳便成地。今登高而望，群山皆為波浪之狀，便是水泛如此。只不知因甚麼時凝了。初間極軟，後來方凝得硬。」問：「想得如潮水湧起沙相似？」曰：「然。水之極濁便成地，火之極清便成風霆雷電日星之屬。」〔註56〕

　　這兩段朱熹與學生之間的問答顯然與上述論述者的狀況不同，學生們十分熱烈地向朱熹提問，由此觀之，朱熹的門徒在求取知識時並非墨守師說和

〔註54〕　〔明〕謝肇淛撰：《五雜俎》，《天部一》，第 13 頁。
〔註55〕　黎靖德撰，鄭明等校點：《朱子語類》，卷二，《理氣下》，《天地下》，第 141～142 頁。
〔註56〕　黎靖德撰，鄭明等校點：《朱子語類》，卷一，《理氣上》，《太即天地上》，第 120 頁。

不求甚解，相反地，他們不斷地以自身的經驗見聞去質疑或模擬朱熹講授的知識。譬如第一段，學生拿程頤氣相摩擦形成雷電的見解，以及是否有神物主宰雷電來問難朱熹，問題意識顯得相當集中。第二段則是當朱熹講述了原初的水凝結後形成波狀峰谷的大地形狀，學生開始模擬問到是否與潮水將河砂逐漸堆積起來的過程相似。此二者都顯示在問答之際，學生是緊扣住雷電形成的認知細節來逐步釐清個中問題，然而可惜的是，類似釐清後的知識並未廣為流傳。時值清中葉，依然可以見到鄭復光在《費隱與知錄》使用類似的答問形式論述雷電認知，譬如他說道：

> 問世傳雷神尖吻利爪。《高厚蒙求》曰：所擊必當，雷有神非妄也。又曰：尖吻利爪殆亦蛟龍之屬。《蒙求》之所謂神即俗說，否曰尖吻利爪斷為蛟龍之屬，殊為有理，所擊必當。即此是神，神固不必見影也。若以尖吻利爪為神，真世俗之見，且雜說家多有言啖雷者，設有其事，則為蛟龍之屬益信矣。豈有神而可啖者哉？〔註57〕

時人問起鄭復光雷神尖吻利爪是否屬實，鄭復光援引《高厚蒙求》的見解予以回應，認為雷神為蛟龍般的生物屬於市井俗說，雷電本體與形象無必然的關係。他由此引申到雜家所說的啖食雷公的事亦屬不真實的，援引的根據與謝肇淛極為類似，皆是天上神靈無法為凡人捉食。雖然鄭復光這裡以雷電本質與形狀不同的論證回應，與熊明遇同出一轍，但是值得注意的是，響應的問題本身卻也已是接近 200 年前熊明遇已響應過的問題。由此可見問題意識就算有某個時期的相對集中，但是其傳承與累積都十分薄弱，連續性相當不明顯。

4.3.3 干擾自然知識傳遞的現實困境

傳統士人慣性地接納與吸收經典權威的雷電認知是傳統自然知識無法產生根本性變化的重要原因，但是此一過程應當一併將記錄雷電認知的書籍載體加以考慮，才顯得更為周全。宋代以降的學者無法像漢儒提出陰陽氣論一般，創造出更加新穎的雷電認知論述，進而形成具統治力的體系，問題的另一面在於，傳統士人或許並不缺乏具創造力的見解，然而其知識卻無法在文獻脈絡中穩定地存續。在此，筆者認為障礙來自於二個方面，知識過於艱澀而不為類書續錄，以及書籍本身難以保存。筆者擬於下文展開析論。

〔註57〕〔清〕鄭復光撰：《費隱與知錄》，《尖吻利爪神非其神》，第 24b～25a 頁（總頁 833～834）。

4.3.3.1　知識艱深而不傳承於書籍

　　就雷電認知脈絡的變遷而言，若說歷代士人在認知雷電上都未曾產生出具有創見的認知顯然有失公允，但是若細究這些創見的影響力與影響範圍則顯得並不具備統治力，甚至散播範圍極其有限。一般而言，解釋力更好的見解應會獲得更多的認同，然而何以雷電認知會有相反的現象發生，筆者認爲過於艱澀的論述並不見容於注疏傳統與類書傳統有著很大的關係。王充曾經細緻地論述雷電爲陽氣，以及雷電與火的關係，歷代以降幾乎無人能出其右，譬如他說道：

> 何以驗之，雷者火也？以人中雷而死，即詢其身，中頭則鬚髮燒焦，中身則皮膚灼爤，臨其屍上聞火氣。一驗也。道術之家，以爲雷燒石，色赤，投於井中，石燋井寒，激聲大鳴，若雷之狀。二驗也。人傷於寒，寒氣入腹，腹中素溫，溫寒分爭，激氣雷鳴。三驗也。當雷之時，電光時見大若火之耀。四驗也。當雷之擊時，或燔人室屋，及地草木。五驗也。夫論雷之爲火有五驗，言雷爲天怒無一效。然則雷爲天怒，虛妄之言。〔註58〕

　　上述的論述幾乎是歷代士人之中對雷電爲陽氣最具說服力的論述，王充列舉了五個明確的觀察來支持雷電與火在本質上是相同的，以此反駁雷爲天怒的認知，然而王充的此一論述幾乎不曾被其他士人加以引用。就筆者的整理，關於雷殛人的現象在王充之後有沈括、宋慈〔註59〕和方以智等人加以論述，卻無一人引述到王充的認知；將燒熱的石頭丟入井水來模擬雷鳴，以及寒氣入腹而作聲，自王充之後則無人提及；電光在天際如飛火般閃亮，這個現象則爲陸深和劉岳雲所記述和引用，但是與王充的認知並無關係；最後是對雷電焚毀屋室的認知，則僅有沈括依據自身的見聞而得到類似認知。由此觀之，儘管王充早在漢代即對雷電性質做出許多精闢的析辨，但是後世學者卻幾乎不加以運用和引述，直到晚清的劉岳雲在西學東漸強大的壓力下重新

〔註58〕〔漢〕王充；黃暉撰：《論衡校釋‧一》，卷六，《雷虛篇》，第 309 頁。

〔註59〕「凡被雷震死者，其屍肉色焦黃，渾身軟黑，兩手拳散，口開眼突，耳後髮際焦黃，頭髻披散，燒著處皮肉緊硬而攣縮，身上衣服被天火燒爤。或不火燒。傷損痕跡，多在腦上及腦後，腦縫多開，鬚髮如焰火燒著。從上至下，時有手掌大片浮皮紫赤，肉不損，胸項背膊上，或有似篆文痕。」〔南宋〕宋慈著；黃瑞亭、陳柔佛巴魯主編：《洗冤集錄今釋》，卷五，《雷震死》，第 204 頁。

引述了王充的部分說法，但卻也不引用其辨證細微之處，而僅是重複其認知的結論。譬如他說道：

> 雷者太陽之激氣也。何以明之？正月始雷，五月陽盛故五月雷迅，秋冬陽衰故秋冬雷潛。盛夏之時太陽用事，陰氣乘之，陰陽分爭故相校軫，校軫則激射，激射爲毒，中人輒死，中木木折，中屋屋壞，人在木下屋間偶中而死矣。《論衡》〔註60〕

劉岳雲的引述邏輯其實相當清晰，他並不是要探討王充在析辯雷電的本質的論據合理性，而是單純地試圖告訴閱讀者雷電爲陽氣之激氣，早自漢代的王充已然論及。這樣的知識傳遞過程將值得析辯的部分捨棄，僅保留高度抽象化的認知結論，雖然使知識簡單清晰，易於爲人掌握，卻也令閱讀者無法據此加以辯駁與反思。如果審視五代時方士在《關尹子》的論述，以及明代謝肇淛的持論，上述情況則會呈現的更爲清晰。譬如《關尹子》的書中述及：

> 關尹子曰：「衣搖空得風，氣呵物得水，水注水即鳴，石擊石即光。知此說者，風、雨、雷、電皆可爲之。蓋風、雨、雷、電皆緣氣而生，而氣緣心生，猶如內想大火，久之覺熱。內想大水，久之覺寒。知此說者，天地之德皆可同之。」〔註61〕

石擊石則光是五代時期的方士以人爲方式模擬電光的過程，他們因此推論雷與電生成的本質都是源自於氣質的運動。令人頗爲意外的是，此一論述直至晚清的劉岳雲《格物中法》〔註62〕和王仁俊的《格致古微》〔註63〕才再次獲得引述，其間未曾爲人引用或深入探討。同時，劉岳雲與王仁俊會運用到《關尹子》的此一論述並不是因爲他們主動地探索這個人爲過程的背後機制，而是爲了闡述乾電氣爲何物，以及援引以爲西學中源論的論述基礎。最後，若是檢視熊明遇的雷電認知及其脈絡，則可以看到一個緩慢地被精簡化

〔註60〕 〔清〕劉岳雲撰：《格物中法》，卷一，第46b～48b頁（總頁920～921）。（已上雷即電氣）

〔註61〕 朱海雷編：《關尹子‧慎子今譯》，《二柱篇》，第25頁。

〔註62〕 「石擊石即光，知此說者風雨雷電皆可爲之。蓋風雨雷電皆緣氣而生。《關尹子》。岳雲案：電緣氣而生，可知西人電學，中國自古知之且可爲之。玩石擊石即光一語，蓋用磨擦以生電，今之乾電氣也。」〔清〕劉岳雲撰：《格物中法》，卷一，第37b頁（總頁915）。（以上總論電氣）。

〔註63〕 二柱石擊石即光，知此說者風雨雷電皆可爲之，蓋風雨雷電皆緣氣而生。案：此即電學之祖也。見《瀛海論》。〔清〕王仁俊撰：《格致古微》，卷四，《子集》，《鬼谷子》，第20a頁（總頁118）。

的過程。譬如熊明遇說道：

> 雷屬火，春夏地氣上升，皆因日近，照地成熱。日爲火母，下
> 火上親，騰踔而起，又挾水土之氣，合迸上衝。火性專直，既欲發
> 越，又被濕雲水氣圍抱壅隔，陰陽相薄，激而成聲，如釜中煮水，
> 覆以釜蓋，水沸湯湯，其勢然也。水土之氣挾帶微質，略如硝煑，
> 火勢發越，逢其質氣，閃爲電光，火迸土騰，土經火煉凝聚成物，
> 物降於地，是爲霹靂之楔矣。或曰：人間畫雷，象如鬼神狀，又有
> 見雷如飛鴨形者，是耶非耶？曰：氣之所聚，即化爲神，如人身氣
> 旺，便自神狀。天行元氣，豈無神司，偶落幾目，變爲影像，是雷
> 之神，非雷之體。雷體在火，故電光可見而雷不可見，畫者作持斧
> 椎鼓狀，世俗之陋也。〔註64〕

　　熊明遇在此處的論述極爲詳細，詳實地描述出雷電成因，與之模擬的水
沸騰現象，霹靂楔形成的原理，雷的形象與本質問題，以及世俗錯誤的認知。
他可能是繼王充之後認識雷電性質最爲深入的傳統士人，儘管其知識是源自
於亞里士多德的自然哲學傳統，然而熊明遇的這番論述在經過方以智、〔註65〕
揭暄、〔註66〕游藝，〔註67〕等人的轉手詮釋，則清晰地呈現出複雜性遞減的
情況，直到晚清王仁俊〔註68〕重新接受近代電學的知識後，源出於歐美的詳

〔註64〕　見〔明〕熊明遇撰：《格致草》，《氣化》，《雷電》，第 90a～91a 頁（總頁 105
　　　　～106）。

〔註65〕　「質測家曰：火挾土氣而上，急迫之際，火焚而上附天，土成澤而下，星隕
　　　　爲石，亦非星也。」〔明〕方以智撰：《物理小識》，卷之二，《雷說》，第 36
　　　　頁。

〔註66〕　「暄曰：雷乃太陽之氣生於雲中，爲陰氣所束。陽氣屬火，雲氣屬水，以水
　　　　淬火，與相激爭，故發爲震撼而觸之者碎。」〔明〕方以智撰：《物理小識》，
　　　　卷之二，《雷說》，第 36 頁。

〔註67〕　「日光徹地則生溫熱，溫熱入地積成乾燥，燥乾之極乘氣成火也。火氣盛必
　　　　欲伸則乘氣衝上，遇雲雨所鬱裹者即迸裂成雷電也。」〔清〕游藝撰：《天經
　　　　或問》，收錄於王雲五主持：《四庫全書珍本四集》（臺北：臺灣商務，1973），
　　　　卷四，《彗孛》，第 17～18 頁。

〔註68〕　「西人本之瑪吉士《地裏備放雷電論》曰：雷者，空中閃電發燒之聲也，其
　　　　鳴爲雷霆，又名霹靂，其光則爲閃電，又名雷鞭。凡天氣炎熱，從地面必有
　　　　能然之氣如硝磺等類，發洩而上騰，至其氣在空中積滿之際則然而化爲雷電，
　　　　故夏令居多，冬令甚鮮。至雷鳴聲，或云因於硝氣迅然發洩所至，若雲中無
　　　　硝氣，則惟有電而無雷鳴。又凡雷鳴必先閃電而後雷響。」〔清〕王仁俊撰：
　　　　《格致古微》，卷一，《易》，第 5a～6a 頁（總頁 59～60）。

細雷電闡釋才重新回到傳統士人的思想論域當中。知識艱澀而不傳承於書籍之間的知識流佈困境，由此可見。

4.3.3.2　書籍本身難以保存

書籍的散佈狀態也影響著自然知識的傳遞過程。若書籍不易保存，或是流傳不廣，連帶會影響書籍中所記錄的知識難以流佈，無法爲人引用或加以創新。沈括極爲敏銳地注意到雕版印刷對書籍保存的重要性，他說：

> 板印書籍唐人尚未盛爲之，自馮瀛王始印五經，已後典籍皆爲板本。慶曆中，有布衣畢升又爲活板。……若止印三、二本未爲簡易，若印數十百千本則極爲神速。……不以木爲之者，木理有疏密，沾水則高下不平，兼與藥相黏，不可取，不若燔土，用訖再火令藥鎔，以手拂之其印自落，殊不沾污。升死，其印爲余群從所得，至今寶藏。〔註69〕

唐朝人製書尚未普遍使用板印法，直到五代馮道（882～954）〔註70〕以板印法刻印五經，雕板印刷法才較爲普及。北宋畢升創造活字板印刷後，由於泥塑的活字板較木雕板的成本更低廉，排字簡便與重複使用更強，書籍印刷與知識流佈的條件就更好了。然而這僅針對文字部分，在圖像的製作上雕版印刷直到清末民初後才逐漸被石版和銅板印刷所取代。〔註71〕從這段敘述雖可得知唐朝的書籍散播以抄書爲主，因而書籍流傳不廣，宋朝雖然以活字印刷術解決文字散播的問題而使印量大增，但是書籍的保存方式其實並未改變。時至明朝，謝肇淛仍然爲書畫不易保存的狀況所苦。他說：

> 今世書畫有七厄焉，高價厚值，人不能售，多歸權貴，眞贗錯陳，一厄也；豪門籍汲，盡入天府，蟫蠹漸盡，永辭人間，二厄也；

〔註69〕〔宋〕沈括著，《夢溪筆談》，卷十八，《技藝》，第153頁。

〔註70〕五代時，馮道，曾倡議國子監校定「九經」，組工雕印，我國官府大規模刻書自此開始。馮道死後，後周世宗追封其爲瀛王，故稱之。明·胡應麟《少室山房筆叢·經籍會通四》：「板印書籍，唐人尚未盛爲之。自馮瀛王始印五經，已後典籍皆爲板本。」馮道，字可道，自號長樂老，漢族，五代瀛州景城（今河北交河東北）人，中國大規模官刻儒家經籍的創始人。歷仕後唐、後晉（契丹）、後漢、後周四朝十君，拜相二十餘年，人稱官場「不倒翁」。好學能文，主持校定了《九經》文字，雕版印書，世稱「五代藍本」，爲我國官府正式刻印書籍之始。

〔註71〕鄭振鐸：《中國古代木刻畫史略》（上海：上海書店，2010），《序言》，第6～7頁。

啗名俗子，好事估客，揮金爭買，無復涇渭，三厄也；射利大駔，
貴賤懋遷，纔有贏息，即轉俗手，四厄也；富貴之家，朱門空鎖，
榻笥凝塵，脈望果腹，五厄也；膏梁紈袴，目不識丁，水火盜賊，
恬然不問，六厄也；拙工裝潢，面目損失，姦僞臨摹，混淆聚訟，
七厄也。至於國破家亡、兵燹變故之厄，又不與焉。每讀易安居士
《金石錄》，反覆再三，輒爲歎息流涕。彼其夫婦同心賞鑒，而貲
力雄贍，足以得之，可謂奇遇矣，而終不能保其所有，況他人乎？
〔註72〕

　　雖然謝肇淛此處感歎的對象是書畫，但是其中的若干環境依然對作爲印
刷物的書籍一樣適用，值得參考。譬如書籍因爲珍貴而爲權貴和宮中所收藏，
不復在外流傳，或是不斷輾轉爲收藏家所收藏而最終下落不明，這些情況都
頗爲常見。此外，書籍保存的環境也影響著書籍毀損的速度。譬如蟫蠹〔註73〕
蛀食書籍，藏書之處失火、淹水、盜竊，或是戰亂導致書籍損毀，更是所在
多有。這些因素都使得傳統士人具創造力的思想不易流傳下來，或是不易爲
人所閱讀而傳承。值得注意的是，爲何在自然知識傳遞的過程中，傳統士子
喜撰文著述而不擅用圖呢？謝肇淛在討論字畫收藏時也注意到若干問題，並
闡釋部分原因。他說：

藏畫與藏字一也，然字帖頗便收拾，堆置案頭，隨意翻閱，間
即學臨數過，倦則疊之，自賞自證，力不勞而心不厭。畫即不然，
卷子展看一回即妨點污，卷折不謹又虞皺裂，壁上大幅尤費目力，
藏則有蠹蟫之慮，掛則有黴濕之憂，卷舒經手則不耐其勞，付諸奴
僕則易至損壞，有識之士必不以彼易此。〔註74〕

　　書法字畫同爲滾動條，閱時翻展，捲時捲疊，書法卷軸收納十分方便，
但是圖畫則否。畫卷展開則可能髒污，捲摺不順又可能皺裂損毀，收藏時怕
蟫蠹蛀食，掛在室內又怕空氣潮濕而發黴。因畫卷脆弱，借予旁人覽觀或是
奴僕經手收納都容易損壞，因此畫卷較書法保存起來更加麻煩。圖畫的收藏
麻煩至斯，難怪傳統士人不喜以圖傳遞知識，就算有善畫之士，運用雕版印

〔註72〕〔明〕謝肇淛撰：《五雜俎》，《人部三》，第 137 頁。
〔註73〕即「衣魚」，一種昆蟲，體長而扁，有銀灰色細鱗，常在衣服和書裏，吃上面
　　　　的漿糊和膠質物。亦稱「蠹魚」。
〔註74〕〔明〕謝肇淛撰：《五雜俎》，《人部三》，第 138 頁。

刷的技術，但是圖像的保存到被雕版印刷大量複製，其間仍有許多困難無法克服。〔註 75〕

〔註 75〕 鄭振鐸：《中國古代木刻畫史略》，《序言》，第 1～7 頁。

第5章 結 論

　　本文試圖還原殷商至晚清之間，中國傳統雷電認知脈絡的變遷過程，並探究影響雷電認知更新，以及造成和阻礙雷電認知傳承的根源。筆者發現中國傳統的雷電認知經歷過四個時期的主要變化，分別是：殷商時期的自然神認知，其時雷電被認知為聖地中的神祇本身，抑或神祇顯現前的預兆；周朝以降的自然規律認知，則是脫去原先自然神論的色彩，以一種自然規律的形態與萬物的生長潛伏相聯繫；漢唐時期的傳統陰陽氣論認知，展開大規模以陰陽氣來解釋萬物生成的背後原因，雷電被認知為陰陽氣迫近彼此而產生的事物；最後自宋至晚清，儘管陰陽氣論仍佔據思想論域的主流位置，但是庶民文化的興起、宗教力量的影響，以及西學傳入則導致雷電認知逐步地分歧和多元，形成以陰陽氣論為主體的多元兼容認知，極其穩定且具有強大的解釋力。

　　在上述的變遷過程當中，中國傳統的雷電認知具有兩個主要的特徵：一是不同人群的雷電認知是明顯不同，層次分明的。方士、僧道、技術官僚和庶民的認知較為單一，多半僅以一元的認知呈現，譬如雷公致雷、龍致雷、雷電為火、星官主宰雷電等。傳統士人的認知則由於博覽群書與格物致知的治學原則使然，普遍呈現多元兼容的情況；二是雷電認知的論述主體自上古以降有著從中原地區轉移到湘湖和嶺南區域的大趨勢，在進入清代則甚至出現自東南沿海一帶傳回湘湖區域的反向傳播。同時傳統的雷電認知隨著時間推移，逐步由單一認識的一元認知走向以陰陽氣論為主體的多元認知並存的論述方式，相異的認知之間彼此不相排斥。

　　根據筆者考察的 70 餘個不同來源的傳統雷電認知，方士、僧道、技術官

僚和庶民是雷電認知更新的主要因素。上述人群會將區域性的經驗、知識，抑或宗教傳說帶入傳統的雷電認知當中，而爲傳統士人所記錄與論述。傳統士人本身則甚少創造新的認知，他們是傳統雷電認知的主要傳承者，藉由不斷地展開經書注疏與類書編纂的工作，經典論述得以爲人持續地援引，並且形成穩定的傳統，陰陽氣論得以保持其強大的影響力，但源於傳統士人格物致知的原則，他們亦連帶地述及各種關於雷電的自然記錄，使得宋明以降的雷電認知趨於多元分立。

透過梳理長時段的雷電認知變遷過程，筆者發現阻礙雷電認知傳承和知識更新的重要因素在於，傳統士人論述雷電認知時普遍缺乏具確定性的論述意識，轉而以不可知論，抑或呈獻前說而不下結論的方式來形成結論。這樣的論述方式使得雷電認知的自然記錄日益增加，但卻無法形成較爲準確的結論；與此同時，傳統士人討論雷電認知的問題意識亦呈現出碎片化的趨勢而無法有效集中，繼續解決新的問題。傳統士人普遍花下大量精力在重述經典古說，以及探索若干已爲前人討論過的問題，這阻礙了他們將目光放在新的現象或是異源認知的思辨上，無法將存在內在矛盾和與現象相違的認知理清和排除；同時書籍的流傳與保存亦受到現實環境的制約，新穎的雷電認知無法有效地爲人傳承和擴大其影響性。這種情況遂導致傳統的雷電認知長時間以陰陽氣論爲主體，兼容各種異源的雷電認知，最終形成十分穩定的知識結構。歷代爲人所發現的新穎雷電認知則受限於書籍保存和擴散的不易，逐漸消失在思想論域之中，使得雷電認知的內部更迭十分緩慢，更多的情況被視爲是對傳統陰陽氣論認知的細緻補充。直到晚清的西方近代科學全面傳入之前，傳統的雷電認知難以被內部新穎的認知更新和取代。

參考文獻

一、基本史料

（一）中文文獻・類書類

1. 〔後周〕義楚撰：《釋氏六帖》，臺北：彌勒出版社，1982。
2. 〔隋〕杜公瞻撰：《編珠》，臺北：臺灣商務印書館，1969，文淵閣四庫全書本。
3. 〔唐〕白居易撰、〔宋〕孔傳撰：《白孔六帖》，臺北：新興書店，1969。
4. 〔唐〕白居易撰；〔宋〕孔傳續撰：《白孔六帖》，收錄於〔清〕高宗御製，《欽定四庫全書》，臺北，臺灣商務，1978。
5. 〔唐〕歐陽詢撰、汪紹楹校：《藝文類聚》，上海：上海古籍出版社，1982。
6. 〔唐〕徐堅等撰：《初學記》，北京：中華書局，2005。
7. 〔唐〕虞世南編：《北堂書鈔》，北京：中國書店，1989。
8. 〔宋〕曾慥撰：《類說》，北京：文學古籍刊行社，1955，影印本。
9. 〔宋〕方逢辰撰：《名物蒙求》，收錄於王正良，《中國蒙書篇鋼筆字帖之七・名物求蒙》，南寧：廣西美術出版社，1997。
10. 〔宋〕高承撰、〔明〕李果訂；金圓、許沛藻點校，《事物紀原》，北京：中華書局，1989。
11. 〔宋〕李昉等編撰：《太平廣記》，北京：中華書局，1961。
12. 〔宋〕李昉撰、〔明〕陳履端編訂：《幼幼新書》，北京：中醫古籍出版社，1981。
13. 〔宋〕潘自牧編纂：《記纂淵海》，上海：上海古籍出版社，1992，影印本。

14. 〔宋〕沈括撰：《夢溪筆談》，上海：上海書店，2009。

15. 〔宋〕王應麟撰：《小學紺珠》，北京：中華書局，1987。

16. 〔宋〕王應麟撰：《玉海》，揚州：廣陵書社，2003，影印本。

17. 〔宋〕吳淑撰注、冀勤等校點：《事類賦注》，北京：中華書局，1989。

18. 〔宋〕謝維新輯：《古今合璧事類備要》，北京：全國圖書館文獻縮微中心，1987。

19. 〔宋〕晏殊撰：《晏元獻公類要》，濟南：齊魯書社，1995，文淵閣四庫全書本。

20. 〔宋〕祝穆撰：《事文類聚》，收錄於〔清〕紀昀、〔清〕永瑢等編纂：《景印文淵閣四庫全書》，臺北：臺灣商務印書館股份有限公司，2008。

21. 〔宋〕黎靖德撰，鄭明等校點：《朱子語，上海古籍出版社、安徽教育出版社，2002。

22. 〔金〕王朋金撰：《類林雜說》，收錄於劉承幹輯：《嘉業堂叢書：五十六種》，上海：上海古籍書店，1963。

23. 〔元〕不著撰人：《居家必用事類全集》，收錄於中國社會科學院歷史研究所文化室編，《明代通俗日用類書集刊·第四卷》，重慶：西南師範大學出版社；北京：東方出版社，2011。

24. 〔元〕劉實撰：《敏求機要》，收錄於顧廷龍主編：《續修四庫全書》，上海：上海古籍出版社，2002。

25. 〔元〕馬端臨撰：《文獻通考》，上海：商務印書館，1936。

26. 〔明〕程登吉原編，〔清〕鄒聖脈增補，葉光大譯注：《幼學故事瓊林譯注》，貴陽：貴州人民出版社，1991。

27. 〔明〕陳耀文撰：《天中記》，揚州：廣陵書社，2007，據清光緒刊本的影印本，缺漏處以明刊本補錄，影印本。

28. 〔明〕陳繼儒輯：《文奇豹斑》，北京：全國圖書館文獻縮微中心，1987。

29. 〔明〕陳繼儒纂輯、〔清〕毛煥文補輯：《增補萬寶全書》，掃葉山房清光緒十二年刻本。

30. 〔明〕陳懋學撰：《事言要玄》，北京：全國圖書館文獻縮微中心，1985。

31. 〔明〕陳仁錫輯：《潛確居類書》，北京：全國圖書館文獻縮微中心，1987。

32. 〔明〕董斯張纂；〔明〕楊鶴等訂：《廣博物志》，上海：上海古籍出版社，1992。

33. 〔明〕方以智撰：《物理小識》，上海：商務印書館，1937。

34. 〔明〕耿隨朝撰：《名物類考》，北京：全國圖書館文獻縮微中心，1985。

35. 〔明〕胡文煥編：《格致叢書》，北京：全國圖書館文獻縮微中心，2005。

36. 〔明〕孫丕顯輯:《文苑匯雋》,收錄於四庫全書存目叢書編纂委員會編:《四庫全書存目叢書》,濟南:齊魯書社,1995,據明萬曆三十六年刻本影印。

37. 〔明〕王圻、王思義編集:《三才圖會》,上海:上海古籍出版社,1988。

38. 〔明〕王三聘輯:《事物考》,上海:上海書店,1987,據商務印書館1937年版影印。

39. 〔明〕王世貞撰:《匯書詳注》,北京:全國圖書館文獻縮微中心,1987。

40. 〔明〕王志堅輯;〔清〕沈廷文述:《表異錄》,上海:商務印書館,1937。

41. 〔明〕吳琯輯:《三才廣記》,收錄於顧廷龍主編:《續修四庫全書》,上海:上海古籍出版社,2002。

42. 〔明〕謝肇淛撰:《五雜俎》,上海:上海書店出版社,2009。

43. 〔明〕熊明遇撰:《格致草》,收錄於任繼愈編《中國科學技術典籍通匯‧天文卷》,鄭州:河南教育,1995。

44. 〔明〕徐常吉輯;〔明〕焦竑訂;〔明〕陸伯元編次:《事詞類奇》,收錄於《四庫全書存目叢書》,山東:齊魯書社出版社,1997。

45. 〔明〕徐元太撰:《喻林》,上海:上海古籍出版社,1991,據清乾隆五十九年刻本影印。

46. 〔明〕薛朝選撰:《異識資諧》,北京:全國圖書館文獻縮微中心,1986。

47. 〔明〕陽龍子編:《鼎鍥崇文閣匯纂士民萬用正宗不求人》,收錄於中國社會科學院歷史研究所文化室編,《明代通俗日用類書集刊》,重慶:西南師範大學出版社;北京:東方出版社,2011,據明萬曆三十五年潭陽余文臺刊本影印。

48. 〔明〕楊慎撰:《丹鉛錄》,收錄於〔清〕紀昀、〔清〕永瑢等編纂:《景印文淵閣四庫全書》,臺北:臺灣商務印書館股份有限公司,2008。

49. 〔明〕楊慎撰:《哲匠金桴》,收錄於《叢書集成初編》,長沙:商務印書館民國,1939。

50. 〔明〕葉向高輯:《說類》,北京:全國圖書館文獻縮微中心,1987。

51. 〔明〕張瑄撰:《五經總類》,北京:全國圖書館文獻縮微中心,1993。

52. 〔明〕章潢撰:《圖書編》,上海:上海古籍出版社,1992。

53. 〔清〕陳夢雷撰、(清)蔣廷錫等編:《古今圖書集成》,上海:圖書集成鉛版印書局,1904。

54. 〔清〕鄂爾泰等奉敕著:《授時通考》,北京:中華書局,1956。另收錄於〔清〕紀昀、〔清〕永瑢等編纂:《景印文淵閣四庫全書》,臺北:臺灣商務印書館股份有限公司,2008。

55. 〔清〕福申輯:《俚俗集》,北京:書目文獻出版社,1993。

56. 〔清〕高士奇撰：《編珠補遺》，收錄於〔清〕紀昀、〔清〕永瑢等編纂：《景印文淵閣四庫全書》，臺北：臺灣商務印書館股份有限公司，2008。

57. 〔清〕高士奇撰：《續編珠》，收錄於〔清〕紀昀、〔清〕永瑢等編纂：《景印文淵閣四庫全書》，臺北：臺灣商務印書館股份有限公司，2008。

58. 〔清〕揭暄：《璇璣遺述》，收錄於任繼愈編《中國科學技術典籍通匯·天文卷》，鄭州：河南教育，1995。

59. 〔清〕厲荃輯撰；〔清〕關槐增纂：《事物異名錄》，粵東清乾隆五十三年刻本。另收錄於顧廷龍主編：《續修四庫全書》，上海：上海古籍出版社，2002。

60. 〔清〕劉岳雲撰，《格物中法》，收錄於《中國科學技術典籍通匯·綜合卷》，第七卷，鄭州：河南教育，1995，據家刻本影印。

61. 〔清〕梅自馨撰：《奇耦典匯》，揚州：江蘇廣陵古籍刻印社，1990，影印本。

62. 〔清〕阮元輯：《群書通要》，南京：江蘇古籍出版社，1988，影印本。

63. 〔清〕屠粹忠輯：《三才藻異》，收錄於《四庫全書存目叢書》，濟南：齊魯書社，1995。

64. 〔清〕王仁俊撰，《格致古微》，北京：北京出版社，2000，《四庫未收書輯刊》據清光緒吳縣王氏刻本影印。

65. 〔清〕魏崧編：《壹是紀始》，北京：北京圖書館出版社，2003，影印本。

66. 〔清〕魏源撰：《蒙雅》，收錄於《魏源全集》，長沙：嶽麓書社，2004。

67. 〔清〕謝維岳輯：《中道全書》，收錄於四庫未收書輯刊編纂委員會編：《四庫未收書輯刊》，北京：北京出版社，2000，據清宣統二年中道齋刻本印。

68. 〔清〕徐堅撰；（清）陸心源輯：《初學記（校）》，揚州：江蘇廣陵古籍刻印社，1987，刻本重印。

69. 〔清〕姚培謙等輯：《類腋》，瞻雲閣清道光二十四年刻本，另有雲間姚氏清乾隆間刻本，收錄於顧廷龍主編：《續修四庫全書》，上海：上海古籍出版社，2002。

70. 〔清〕姚之駰撰：《類林新詠》，杭州：錢塘姚之駰清康熙四十七年刻本。

71. 〔清〕姚之駰撰：《元明事類鈔》，收錄於《景印文淵閣四庫全書》，臺北：臺灣商務印書館，1983，影印本。

72. 〔清〕余嬰輯：《宋人小說類編》，北京：中國書店，1985。

73. 〔清〕翟灝撰：《通俗編》，仁和翟灝無不宜齋清乾隆間刻本。另收錄於顧廷龍主編：《續修四庫全書》，上海：上海古籍出版社，2002。

74. 〔清〕鄭復光撰:《費隱與知錄》,收錄於任繼愈編《中國科學技術典籍通匯‧物理卷》,鄭州:河南教育,1995。

75. 〔清〕周魯輯:《類書纂要》,收錄於顧廷龍主編:《續修四庫全書》,上海:上海古籍出版社,2002。

76. 〔清〕朱銓撰:《爾雅貫珠》,文選樓,1894。

77. 〔清〕王初桐:《貓乘》,收錄於《續修四庫全書》,上海:上海古籍,2002,據上海圖書館藏清嘉慶三年刻本。

(二) 中文文獻‧非類書類

1. 〔漢〕班固撰;〔唐〕顏師古注:《漢書》,臺北:鼎文,1977。

2. 〔漢〕戴德;黃懷信主撰:《大戴禮記匯校集注》,西安:三秦出版社,2005。

3. 〔漢〕劉向撰:《洪範五行傳》,收錄於嚴一萍選輯:《四部分類叢書集成續編‧13‧漢魏遺書鈔》,臺北:藝文印書館,1970,據清嘉慶三年金溪王氏刊本影印。

4. 〔漢〕王充;黃暉撰:《論衡校釋‧一》,北京:中華書局,1990。

5. 〔晉〕范寧注:《春秋穀梁傳》(收錄於〔漢〕鄭玄:《十三經古注》,上海:中華書局,2014,據永懷堂本校刊)。

6. 〔晉〕陳壽撰,〔宋〕裴松之注:《三國志‧魏書》,北京:中華書局,1982。

7. 〔梁〕蕭統編;〔唐〕李善注:《昭明文選》,臺北:臺灣東華書局。

8. 〔劉宋〕范曄;〔唐〕李賢等注:《後漢書》,北京:中華書局,1965。

9. 〔唐〕孔穎達疏:《周易正義》:臺北,中華書局,1977,據阮刻本校刊。

10. 〔唐〕李淳風;欒貴明校:《李淳風集》,北京:中央編譯出版社,2012。

11. 〔唐〕李肇撰:《唐國史補》,上海:古典文學出版社,1957。

12. 〔五代〕譚峭,丁禎彥、李似珍點校:《化書》,北京:中華書局,1996。

13. 〔宋〕曾慥撰:《道樞》,上海:上海古籍出版社,1990,影印本。

14. 〔宋〕陳敷撰:《農書》,北京:中華書局,1956。

15. 〔宋〕黎靖德編;王星賢點校:《朱子語類》,北京:中華書局,1994。

16. 〔宋〕李舫:《太平廣記》,北京:中華書局,1961。

17. 〔宋〕宋慈撰;高隨捷、祝林森譯注:《洗冤集錄譯注》,上海:上海古籍出版社,2008。

18. 〔宋〕張耒撰:《明道雜志》,北京:中華書局,1985。

19. 〔南宋〕宋慈撰:《洗冤集錄今釋》,北京:軍事醫學科學出版社。

20. 〔元〕岳熙載:《天文精義賦》,收錄於《續修四庫全書》,上海:上海古

籍，2002，據上海辭書出版社圖書館藏清光緒刻方氏碧琳琅館叢書本影印。

21. 〔明〕戴義輯：《養餘月令》，北京：全國圖書館文獻縮微中心，1992。

22. 〔明〕朱高熾：《天元玉曆祥異賦》，收錄於《四庫禁燬書叢刊補編‧第33冊》，北京：北京出版社，2005。

23. 〔明〕方以智：《通雅》，臺北：臺灣商務印書館，1969。

24. 〔明〕方以智：《物理小識》，上海：商務印書館，1937。

25. 〔明〕方以智著、龐樸注釋：《東西均》，北京：中華書局，2001。

26. 〔明〕黃宗義著；沈芝盈點校：《明儒學案》，北京：中華書局，2008。

27. 〔明〕黃宗義撰；〔清〕全祖望補：《宋元學案》，臺北：世界書局，1973。

28. 〔明〕揭暄：《璇璣遺述》，見《叢書集成新編》第77冊，臺灣：新文豐出版公司，1984。

29. 〔明〕李時珍撰，王雲五主編：《本草綱目》，上海：商務印書館，1955。

30. 〔明〕李之藻、傅泛際：《名理探》，北京：三聯書店，1959。

31. 〔明〕羅頎輯撰：《物原》，上海：商務印書館，1937。

32. 〔明〕穆希文撰：《蟫史集》，收錄於顧廷龍主編：《續修四庫全書》，上海：上海古籍出版社，2002，影印本。

33. 〔明〕謝肇淛撰：《五雜組》，上海：上海書店出版社，2001。

34. 〔明〕邢雲路輯：《古今律曆考》，上海：商務印書館，1936，據畿輔叢書本。

35. 〔明〕楊慎：《異魚圖贊》，北京：中華書局，1985。

36. 〔明〕游藝撰：《天經或問》，收錄於王雲五主持：《四庫全書珍本四集》，臺北：臺灣商務，1973。

37. 〔明〕王英明撰：《曆體略》，收錄於王雲五主持，《四庫全書珍本四集》，臺北：臺灣商務，1973。

38. 〔清〕陳元龍撰：《格致鏡原》，揚州：江蘇廣陵古籍刻印社，1987。另收錄於〔清〕紀昀、〔清〕永瑢等編纂：《景印文淵閣四庫全書》，臺北：臺灣商務印書館股份有限公司，2008。

39. 〔清〕江藩、〔清〕唐鑒撰：《宋學淵源記》，臺北：明文書局，1985。

40. 〔清〕江藩撰：《漢學師承記外二種》，北京：三聯書店，1998。

41. 〔清〕李光庭撰：《鄉言解頤》，北京：中華書局，1982。

42. 〔清〕梅文鼎撰：《中西經星同異考》，收錄於王雲五主編，《國學基本叢書四百種》，臺北：臺灣商務，1968。

43. 〔清〕陸鳳藻輯：《小知錄》，淮南書局，清同治十二年。另有清嘉慶九

年刻本，收錄於顧廷龍主編：《續修四庫全書》，上海：上海古籍出版社，2002。

44. 〔清〕羅士琳：《疇人傳續編》，北京：中華書局，1991，叢書集成初編本。

45. 〔清〕阮元，羅士琳續補，《疇人傳》，收錄於《百部叢書集成》，臺北：藝文印書館印行，據清嘉慶阮元輯刊道光阮亨匯印文選樓叢書本影印。

46. 〔清〕阮元輯：《儒林傳稿》，收錄於顧廷龍主編：《續修四庫全書》，上海：上海古籍出版社，2002。

47. 〔清〕阮元校刻：《十三經注疏》，北京：中華書局，2009，據清嘉慶刊本。

48. 〔清〕唐鑒撰輯：《清學案小識》，上海：商務印書館，1935。

49. 〔清〕汪汲撰：《事物原會》，二銘草堂清嘉慶間刻本。

50. 〔清〕徐道撰，周晶等點校：《歷代神仙演義》，瀋陽：遼寧古籍出版社，1995。

51. 〔清〕張之洞、范希曾補正，《書目答問補正》，上海：上海古籍出版社，2004。

52. 〔清〕趙翼，《簷曝雜記》，北京：中華書局，1982。

53. 〔清〕鄭光祖撰：《一斑祿》，臺北：文海出版社有限公司，2003。

54. 〔清〕諸可寶：《疇人傳三編》，叢書集成新編本，臺灣：新文豐出版公司，1984。

55. 〔清〕張自牧：《瀛海論》，臺灣圖書館藏書。

56. 〔清〕翟均廉撰：《海塘錄》，收錄於王雲五主持，《四庫全書珍本初集》，臺北：臺灣商務，1969～1970。

57. 〔清〕王履泰撰：《畿輔安瀾志》，收錄於《續修四庫全書》，上海：上海古籍，2002，據清武英殿聚珍版印本。

58. 〔清〕允祿；戴進賢等奉敕撰：《欽定儀象考成》，收錄於《景印文淵閣四庫全書》，臺北：臺灣商務，1983。

59. 〔比利時〕南懷仁：《窮理學》，殘抄本，北京大學圖書館藏。

60. 〔古希臘〕亞里士多德撰，吳壽彭譯：《天象學·宇宙論》，北京：商務印書館，2009。

61. 〔英〕傅蘭雅，孔慶和、王冬立、張宇澄等編，《格致彙編》，南京：南京古舊書店，1992。

62. 〔美〕丁韙良：《電學入門》，收錄於〔清〕王西清；盧梯青輯：《西學大成·酉編·電學》，上海：醉六堂，1895。

63. 畢沅輯校：《呂氏春秋》，北京：中華書局，1991，據經訓堂叢書本影印。

64. 李學勤主編：《十三經注疏・春秋公羊傳注疏》，北京：北京大學出版社，1999。

65. 劉俊文點校：《中華傳世法典；唐律疏議》，北京：法律出版社，1999。

66. 劉文典撰：《淮南鴻烈集解》，臺北：文史哲出版社，1993。

67. 王利器：《新語校注》，北京：中華書局，2012。

68. 王栻主編：《嚴復集・三》，北京：中華書局，1986。

69. 吳相湘編：《天主教東傳文獻》，臺北：學生書局，1965～1966。

70. 徐世昌撰；陳祖武點校：《清儒學案》，石家莊：河北人民出版社，2008。

71. 於文斌編著：《道德經類解》，長春：吉林文史出版社，2014。

72. 周振甫譯注：《周易譯注》，北京：中華書局，1991。

73. 朱海雷編：《關尹子・慎子今譯》，杭州：浙江大學出版社。

74. 朱維錚主編：《利瑪竇中文著譯集》，香港：香港城市大學出版社，2001。

（三）西文文獻

1. Allen, Young J. et al. Trans. *Gezhi qimeng* (Ptimers for science education), Shanghai: Jiangnan Arsenal Publications, 1879~1880. 林樂知等譯：《格致啟蒙》。

2. Edkins, Joseph. trans. *Gezhi qimeng* (Primers for science education), Beijing: Imperial Customs Office Publication, 1886. 艾約瑟譯：《格致啟蒙》。

3. Fryer, John, "Scientific Terminology: Present Discrepancies and Means of Securing Uniformity," *in Records of the General Conference of the Protestant Missionaries of China Held at Shanghai, May 7~20, 1890*, Shanghai: American Presbyterian Mission Press, 1890. 傅蘭雅：《科學術語：當前的差異與尋求一致的方法》，載《1890 年上海全國新傳教士大會紀錄》。

4. Vagnoni. *Kongji Gezhi (Treatiseon the composition of the universe)*, reproduction of the 1633 version in *Tianzhu jiao dongchuan wenzian sanpian*, Taipei: Wenjinchubanshe, 1979. 高一志：《空際格致》，《天主教東傳文獻三編》1633 年版複本。

二、近人著作

（一）中文專著

1. 〔英〕李約瑟（Joseph Needham），范庭育譯，《大滴定——東西方的科學與社會》，臺北：帕米爾書店，1987。

2. 〔英〕李約瑟：《中國科學技術史》，香港：中華書局，1978，〈雷電〉，第 745～753 頁。

3. 〔英〕李約瑟撰，潘吉星主編，《李約瑟文集》，瀋陽：遼寧科學技術出

版社，1986。

4. 〔英〕李約瑟撰：《中國科學技術史》，香港：中華書局，1978，第 702 ～703 頁。

5. 〔英〕李約瑟撰；陳立夫主譯：《中國之科學與文明》（1～15 冊），臺北：臺灣商務印書館，1971～1985。

6. 〔英〕李約瑟撰；中國科學技術史翻譯小組譯：《中國科學技術史》，北京：科學出版社，1975～1978。

7. 陳立夫等撰：《中國科學之發展》，臺北：中央文物供應社，1978。

8. 陳美東主編：《簡明中國科學技術史話》，北京：中國青年出版社，1990。

9. 陳遵嬀撰：《中國天文學史》（第 1～4 冊），上海：上海人民出版社，1980 ～1989。

10. 大衛·林德伯格撰；王珺譯：《西方科學的起源》，北京：中國對外翻譯出版公司，2003。

11. 戴念祖撰：《中國古代物理學》，臺北：臺灣商務印書館，1994。

12. 董光壁撰：《中國近現代科學技術史論綱》，長沙：湖南教育出版社，1991。

13. 杜石然主編：《中國古代科學家傳記》，北京：科學出版社，1992、1993。

14. 杜石然撰：《中國科學技術史稿》，北京：科學出版社，1982。

15. 樊洪業撰：《耶穌會士與中國科學》，北京：中國人民大學出版社，1992。

16. 傅熹年撰：《中國科學技術史·建築學卷》，北京：科學出版社，2008。

17. 葛兆光撰，《中國思想史·第一卷，七世紀前中國的知識、思想與信仰世界》，上海：復旦大學出版社，1998。

18. 葛兆光撰：《中國思想史·第二卷，七世紀至十九世紀中國的知識、思想與信仰》，上海：復旦大學出版社，2000。

19. 郭保章等撰：《中國化學教育史話》，南昌：江西教育出版社，1993。

20. 何俊撰：《西學與晚明思想的裂變》，上海：上海人民出版社，1998。

21. 何萍、李維武撰：《中國傳統科學方法論的嬗變》，杭州：浙江科學技術出版社，1995。

22. 洪萬生主編：《中國文化新論·科技篇·物與成器》，臺北：聯經出版社，1983。

23. 黃見德撰：《明清之際西學東漸與中國社會》，福州：福建人民出版社，2014。

24. 江曉原撰：《星占學與傳統文化》，上海：上海古籍出版社，1992。

25. 金永植撰：《朱熹的自然哲學》，上海：華東師範大學出版社，2003。

26. 雷中行撰：《明清的西學中源論爭議》，臺北：蘭臺出版社，2009。

27. 李存山撰：《中國氣論探源與發微》，北京：中國社會科學出版社，1990。

28. 李申撰：《中國古代哲學與自然科學：隋唐至清代之部》，北京：中國社會科學出版社，1994。

29. 李遠國：《神霄雷法：道教神霄派沿革與思想》，成都：四川人民，2003。

30. 李約瑟著，何兆武等譯：《中國科學技術史》，第二卷：科學思想史，北京：科學出版社，上海：上海古籍出版社，1990。

31. 梁啓超撰：《清代學術概論》，朱維錚校注：《梁啓超論清學史兩種》，上海：復旦大學出版社，1985。

32. 梁啓超撰：《中國近三百年學術史》，《梁啓超論清學史兩種》，上海：復旦大學出版社，1983。

33. 劉鈍、王揚宗編，《中國科學與科學革命李約瑟難題及其相關問題研究論著述》，遼寧：遼寧教育出版社，2002。

34. 劉洪濤撰：《中國古代科技史》，天津：南開大學出版社，1991。

35. 劉昭民編撰：《中華氣象學史》，臺北：臺灣商務印書館，1980。

36. 盧嘉錫主編；戴念祖分卷主編，《中國科學技術史・物理學卷》，北京：科學出版社，2001。

37. 駱炳賢、何汝鑫編撰：《中國物理教育簡史》，長沙：湖南教育出版社，1991。

38. 呂理政撰，《天、人、社會——試論中國傳統的宇宙認知模型》，臺北：中央研究院民族學研究所，1990。

39. 梅汝莉、李生榮撰：《中國科學教育史》，長沙：湖南教育出版社，1992。

40. 莫小也撰：《17～18世紀傳教士與西畫東漸》，杭州：中國美術學院出版社，2002。

41. 潘吉星主編：《李約瑟文集：李約瑟博士有關中國科學技術史的論文和演講集：1944～1984》，瀋陽：遼寧科學技術出版社，1986。

42. 錢穆撰：《中國近三百年學術史》，臺北：臺灣商務，1966。

43. 任繼愈主編：《中國道教史》，上海：人民出版社，1990。

44. 山田慶兒主編：《中國古代科學》，京都大學人文科學研究所，1989。

45. 沈定平撰：《明清之際中西文化交流史——明代：調適與會通》，北京：商務印書館，2001。

46. 史革新：《晚晴理學研究》，北京：商務印書館，2007。

47. 宋子良、成良斌撰：《中國教育與科技：彪炳史冊的輝煌》，武漢：湖北人民出版社，1995。

48. 孫宏安撰：《中國古代科學教育史略》，瀋陽：遼寧教育出版社，1996。

49. 吳蕙芳撰：《萬寶全書——明清時期的民間生活實錄》，臺北：花木蘭文

化出版社，2005。

50. 熊月之撰，《西學東漸與晚清社會》，上海：人民出版社，1994。

51. 徐漢昌撰：《管子思想研究》，臺北：學生書局，1990。

52. 葉鴻灑撰：《北宋科技發展之研究》，臺北：銀禾文化事業有限公司，1991。

53. 臧勵龢等編：《中國人名大辭典》，臺北：臺灣商務印書館，1986。

54. 張岱年撰：《宋元明清哲學史提綱》，《張岱年全集》，第三卷，石家莊：河北人民出版社，1996。

55. 張登義撰：《中國科學技術的發展》，重慶：重慶出版社，1989。

56. 張立文撰：《中國哲學範疇發展史》（天道篇），北京：中國人民大學出版社，1989。

57. 張義軍等編撰：《閃電災害》，北京：氣象出版社，2009。

58. 張永堂撰：《明末清初理學與科學關係再論》，臺北：臺灣學生書局，1994。

59. 趙含坤撰：《中國類書》，石家莊：河北人民出版社，2005。

60. 趙匡華撰：《中國古代化學》，臺北：臺灣商務印書館，1994。

61. 鄭振鐸撰：《中國古代木刻畫史略》，上海：上海書店，2010。

62. 中國科學院自然辨證法通訊雜誌社編：《科學傳統與文化——中國近代科學落後的原因》，西安：陝西科學技術出版社，1983。

63. 周瀚光撰：《中國古代科學方法研究》，上海：華東師範大學出版社，1992。

64. 周嘉華等撰：《中國古代化學史略》，石家莊：河北科學技術出版社，1992。

65. 周尚意、趙世喻撰：《天地生民：中國古代關於人與自然關係的認識》，杭州：浙江人民出版社，1994。

66. 周曉陸撰：《步天歌研究》，北京：中國書店，2004。

67. 朱朝主編：《中外醫學教育史》，上海：上海醫科大學出版社，1988。

68. 朱亞宗、王新榮撰：《中國古代科學與文化》，長沙：國防科技大學出版社，1992。

（二）西文著作

1. Biggerstaff, Knight. *The Earliest Modern Government School in China*, Ithcaca: Cornell University Press, 1961. 畢乃德：《中國早期的官辦學堂》。

2. Bodde, Derk, Chinese Thought, Society: The Intellectual and Social Background of Science and Technology in Premodern China, Honolulu: University of Hawaii Press, 1991.

3. Elman, Benjamin A. *From Philosophy to philology: Intellectual and Social Aspects of Change in Late imperial China*, 2d ed, Los Angeles: UCLA Asia Institute Monograph Series, 2001. 本傑明・艾爾曼：《從理學到樸學：中華帝國晚其思想與社會變化面面觀》。

4. Elman, Benjamin A. *On Their Own Terms: Science in China, 1550~1900*, Harvard University Press, 2005. 本傑明・艾爾曼：《以他們自己的方式：科學在中國，1500～1900》。

5. Fan, Fa-ti. British. *Naturalists in Qing China: Science, Empire and Cultural Encounter*, Cambridge: Harvard University Press, 2004. 范發迪：《清代中國的英國博物學家：科學、帝國和文化衝突》。

6. G.E.R. Lloyd, *Adversaries and authorities: investigations into ancient Greek and Chinese science*. 勞埃德：《對手與權威：古希臘和中國科學研究》，1996。

7. Henderson, John. *The Development and Decline of Chinese Cosmology*, New York: Columbia University Press, 1984. 約翰・韓德森：《中國宇宙哲學的興衰》。

8. Huff, Toby E. *The Rise of Early Modern Science: Islam, China, and the West*, rev. ed, Cambridge, Eng.: Cambridge University Press, 2003. 胡弗：《現代科學的興起：伊斯蘭、中國與西方》（修訂本）。

9. Jacob, Margaret. *Scientific Culture and the Making of the Industrial West*, Oxford: Oxford University Press, 1997. 瑪格麗特・雅各：《科學文化與工業化西方的形成》。

10. Jardine, J. A. Secord and E. Spary eds., *Culture of Natural History*, Cambridge, Eng.: Cambridge University Press, 1996. 賈丁、西科德、斯帕麗編：《自然史的文化》。

11. Kuhn, Thomas S. *The structure of scientific revolution*. Chicago, IL: University of Chicago Press, 1996.

12. Lackner, Michael Iwo Amelung & Joachim Kurtz, eds. *New terms for New Ideas: Western Knowledge and Lexical Change in Late Imperial China*. Leiden: E. J. Brill, 2001. 朗宓榭、阿梅隆和顧有信編：《新觀念的新術語：中華帝國晚期的西學知識和詞匯變革》。

13. Lloyd, Geoffrey and Nathan Sivin. *The way and the Word: Science and Medicine in Early China and Greece*, New Haven: Yale University Press, 2002. 傑佛瑞・勞埃德、席文：《道與名：早期中國與希臘的科學與醫學》。

14. Needham, Joseph. *Clerks and Craftsmen in China and the West*, Cambridge, Eng.: Cambridge Unviersity Press, 1970. 李約瑟：《中國的學者與工匠》。

15. Reardon-Anderson, James. *The Study of Change: Chemistry in China, 1840~1949*, Cambridge, Eng.: Cambridge University Press, 1991. 詹姆斯・

里爾登－安德森：《變化之學：中國的化學，1840～1949》。

16. Spence, Jonathan. *To Change China: Western Advisers in China 1620~1960*, Harmondsworth, Eng.: Penguin Books, 1980. 史景遷：《改變中國：中國的西方顧問，1620～1960》。

17. Wright, David. *Translating Science: The Transmission of Western Chemistry into Late Imperial China*, 1840~1900, Leiden, Neth.: E. J. Brill, 2000. 大衛・懷特：《翻譯科學：西方化學傳入晚清中國，1840～1900》。

18. Wright, Mary. *The Last Stand of Chinese Conservatism: The Tung-chih Restoration, 1862~1874*, Stanford: Stanford University Press, 1962. 芮瑪麗：《同治中興：中國保守主義的最後抵抗，1862～1874》。

三、近人論文

（一）中文論文

1. 〔澳〕何丙郁撰：《從另一觀點看中國傳統科技的發展》，收錄於陳美東等主編：《（1990 年）中國科學技術史國際學術討論會論文集》，北京：中國科學技術出版社，1992。

2. 〔澳〕何丙郁撰：《論中國傳統科學之盛衰》，《香港大學中文系集刊》，1985，第 1 期，第 2～10 頁。

3. 〔澳〕何丙郁撰：《試從另一觀點探討中國傳統科技的發展》，《大自然探索》，1991，第 9 卷第 4 期，第 119～124 頁。

4. 〔日〕木下鐵夫撰；張赤衛譯：《戴震和皖派學術》，《安徽史學》，1991，第 4 期，第 36～42 頁。

5. 〔日〕山田慶兒撰：《耶穌會士的科學研究》，收錄於《明清時代的科學技術史》，京都大學人文科學研究所，1970。

6. 〔英〕李約瑟撰：《中國與西方的科學與社會（I－5）》，收錄於潘吉星主編，《李約瑟文集：李約瑟博士有關中國科學技術史的論文和演講集：1944～1984》（瀋陽：遼寧科學技術出版社，1986），第 73～76 頁。

7. 陳紱撰：《從注釋對原典的超越看語言與文化的關係》，《古漢語研究》，1992，第 3 期，第 46～47 頁。

8. 陳美東撰：《略論中國古代科學家的思想特點》，收錄於自然科學史研究所主編：《科技史文集》（第 14 輯・綜合輯 2），1985。

9. 戴念祖撰：《我國古代對電的認識的發展》》，《物理》，1976，第 5 期，第 280～2824 頁。

10. 董光璧撰：《論中國科學的近代化》，收錄於陳美東等主編：《（1990 年）中國科學技術史國際學術討論會論文集》，北京：中國科學技術出版社，1992。

11. 樊洪業撰:《從「格致」到「科學」》,《自然辯證法通訊》第 3 期,1998,第 39～50 頁。

12. 馮錦榮撰:《明末清初方氏學派之成立及其主張》,山田慶兒主編:《中國古代科學》,京都大學人文科學研究所,1989,第 139～219 頁。

13. 馮錦榮撰:《明末熊明遇《格致草》內容探析》,《自然科學史研究》第 16 卷第 4 期(1997),第 304～328 頁。

14. 管成學撰:《論宋慈與《洗冤集錄》研究中的失誤及原因》,《文獻》,1987,第 1 期,第 207～221 頁。

15. 郭靜雲撰:《從商周古文字思考「乾」、「坤」卦名構字──兼論「𫝆」字》,《周易研究》,2011,第 2 期,第 21～23 頁。

16. 韓琦撰:《關於 17、18 世紀歐洲人對中國科學落後原因的論述》,《自然科學史研究》,1992,第 11 卷第 4 期,第 289～298 頁。

17. 何天傑撰:《雷州與雷神傳説考》,《北方論叢》,2002,第 1 期,第 11～15 頁。

18. 亨德森(John J.B. Henderson):《古代中國的自然觀念與宇宙論》,《二十一世紀雙月刊》,2004,第 84 期,第 103～112 頁。

19. 洪璞撰:《明清徽商與科學技術的發展》,《安徽師大學報》(哲學社會科學版),1990,第 4 期,第 409～416 頁。

20. 洪萬生、劉鈍撰:《汪萊、李鋭與乾嘉學派》,《漢學研究》(臺北),1992,第 10 卷第 1 期,第 85～103 頁。

21. 胡道靜撰:《沈括的科學成就的歷史環境及其政治傾向》,《文史哲》,1956,第 2 期,第 50～56 頁。

22. 胡化凱撰:《中國古代的五元化科學分類理論》,《大自然探索》,1996,第 15 卷第 2 期,第 118～123 頁。

23. 黃克武撰:《欽天監與太醫院──歷代的科學研究機構》,收錄於洪萬生主編,《中國文化新論‧科技篇‧格物與成器》,臺北:聯經出版社,1983,第 295～346 頁。

24. 江曉原撰:《明清之際中國人對西方宇宙模型之研究及態度》,收錄於楊翠華、黃一農主編:《近代中國科技史論集》,臺北:中央研究院近代史研究所、國立清華大學歷史研究所,1991。

25. 姜國鈞撰:《略論中國古代教育與科學技術的興衰波動》,《科學技術與辨證法》,1996,第 2 期,第 45～49 頁。

26. 金春峰撰:《批判中國古代的宇宙模式──兼論其對自然科學的思維方式與研究方法的影響》,《明報月刊》(香港),1988,第 23 卷第 10 期,第 42～53 頁。

27. 金觀濤等撰:《科學技術結構及其歷史變遷──論十七世紀之後中國科

學技術落後於西方的原因》,《大自然探索》,1983,第 2 卷第 2 期,第
147～158 頁。

28. 樂愛國撰:《論沈括的科學創新精神》,《廈門大學學報》(哲學社會科學
版),1992,第 4 期,第 101～105 頁。

29. 李儼撰:《清代數學教育制度》,《學藝》,1934,第 13 卷第 4 期,第 37
～52 頁;第 5 期,第 49～59 頁;第 6 期,第 39～44 頁。

30. 李儼撰:《唐宋元明數學教育制度》,《科學》,1933,第 17 卷第 10 期,
第 1545～1565 頁;另收錄於李子岩撰:《中算史論叢》,臺北:臺灣商
務,1977,第 253～285 頁。

31. 林文照、郭永芳撰:《「格物致知」學說及其對中國古代科學發展的影
響》,《自然科學史研究》,1988,第 7 卷第 4 期,第 305～309 頁。

32. 林文照撰:《論近代科學沒有在中國產生的原因》,收錄於自然科學史研
究所主編:《科技史文集》(第 14 輯‧綜合輯 2),1985。

33. 劉又銘:《宋明清氣本論研究的若干問題》收錄於楊儒賓、祝平次編,
《儒家的氣論與工夫論》,臺北:國立臺灣大學出版中心,2005,第 203
～246 頁。

34. 劉長林:《說「氣」》收錄於楊儒賓主編,《中國古代思想中的氣論及身體
觀》,臺北:巨流圖書,1993,第 101～140 頁。

35. 馬天麗、高希堯撰:《試論中國唐代數學專業教育》,《唐都學刊》,1993,
第 9 卷第 3 期,第 20～25 頁。

36. 寧曉玉撰:《《五星行度解》中的宇宙結構》,陳美東、沈榮法主編:《王
錫闡研究文集》,石家莊:河北科學技術出版社,2000,第 85～97 頁。

37. 裴化行撰:《利瑪竇的科學教育》,《新北辰》,1935,第 9 期,第 941～
952 頁。

38. 錢寶琮撰:《金元之際數學之傳授》,《國立浙江大學師範學院院刊》,
1940,第 1 集第 2 冊,第 1～9 頁。

39. 屈寶坤撰:《晚清社會對科學技術的幾點認識的演變》,《自然科學史研
究》第 10 卷第 3 期,1991,第 211～222 頁。

40. 尚智叢撰:《1868～1894 年間近代科學對晚清知識分子的影響》,《清史
研究》,2001,第 3 期,第 72～82 頁。

41. 宋大川撰:《唐代的教育管理制度》,《齊魯學刊》,1990,第 5 期,第 35
～39 頁。

42. 唐君毅撰:《中國哲學中自然宇宙觀之特質》,《學燈》,1937,收錄於《中
西哲學思想之比較論文集》,臺北:臺灣學生書局,1988 年校訂版,第
95～127 頁。

43. 唐宇元撰:《略論方以智、焦循的自然科學思想》,《安徽師大學報》(哲

學社會科學版），1981，第 1 期，第 99～104 頁。

44. 汪耀楠撰：《古代注釋史初探（上)》，《文獻》第 3 期，1988，第 255～257 頁；汪耀楠，〈古代注釋史初探（下)〉，《文獻》第 4 期，1988，第 207～209 頁。

45. 王國忠撰：《試論沈括科學成就之社會環境》，《科學、技術與辨證法》，1988，第 1 期，第 52～58 頁。

46. 王萍撰：《清初的曆算研究與教育》，《中央研究院近代史研究所集刊》，1972，第 3 期下冊，第 365～375 頁。

47. 王正華撰：《生活、知識與文化商品：晚明福建版「日用類書」與其書畫門》，《中央研究院近代史研究所集刊》，2003，第 41 期，第 11～13、24～25 頁。

48. 聞人軍撰：《試論明末科技發展的限制因素》，《大自然探索》，1983，第 2 卷第 2 期，第 158～162 頁。

49. 吳希曾撰：《我國古代教育與科學技術的發展》，《北坊論叢》，1979，第 2 期，第 20～25 頁。

50. 吳裕賓撰：《清代揚州學者的數學研究》，《自然辨證法通訊》，1988，第 10 卷第 2 期，第 51～60 頁。

51. 吳展良撰：《朱子理氣論新詮》，收錄於「中國的經典詮釋傳統第 10 次學術會議」，臺北：臺灣大學，2000，第 1～30 頁。

52. 吳展良撰：《朱子世界觀的基本特質》，收錄於「東亞近世儒學中的經典詮釋傳統」國際學術研討會，臺北：臺灣大學，2004，第 1～30 頁。

53. 席澤宗撰：《南懷仁對中國科學的貢獻》，魏若望編：《南懷仁》，北京：社會科學文獻出版社，2001，第 193～224 頁。

54. 席宗澤撰：《明清之際中國整個學術思想之革新》，《聖教雜誌》第 26 卷（1937），第 10 期，第 579～588 頁；第 27 卷（1938），第 4 期，第 170～179 頁；第 5 期，第 326～334 頁。

55. 夏南強：《類書通論——論類書的性質起源發展演變和影響》，武漢：華中師範大學博士學位論文，2001，第 4～10 頁。

56. 熊月之撰：《格致書院與西學傳播》，《史林》第 2 期，1993，第 33～41 頁。

57. 徐光臺撰：《「自然知識儒學化」：通過自然知識在「格物窮理」中的地位來看朱熹與利瑪竇的歷史關聯》，收錄於鍾彩鈞主編，《朱子學的開展：學術篇》臺北：漢學研究中心，第 161～195 頁。

58. 徐光臺撰：《西學傳入與明末自然知識考據學：以熊明遇論冰雹生成為例》，《清華學報》新 37 卷第 1 期，2007，第 146～147 頁。

59. 徐光臺撰：《明末清初西方」格致學」的衝擊與反應：以熊明遇《格致草》

爲例》，收錄於《世變、群體與個人：第一屆全國歷史學學術研討會論文集》，臺北：臺灣大學歷史系，1996，第 235～258 頁。

60. 徐光臺撰：《明末西方四元素說的傳入》，《清華學報》新 27 卷第 3 期，《清華學報》，1998，第 347～380 頁。

61. 許進發撰：《鄭復光的費隱與知世界》，收錄於劉廣定主編：《第三屆科學史研討會彙刊》，臺北：中央研究院，1994。

62. 楊翠華撰：《席文對科學革命及中國科學史研究的見解》，《漢學研究》，1983，第 1 卷第 2 期，第 521～535 頁。

63. 楊國榮撰：《作爲普遍之道的科學——晚清思想家對科學的理解》，《科學・經濟・社會》第 16 卷第 4 期，1998，第 35～41 頁。

64. 楊向奎、冒懷辛撰：《關於方以智和中國傳統哲學思想的討論》，《歷史研究》，1985，第 1 期，第 33～60 頁。

65. 姚遠撰：《中國古代科技文化中心的東移南遷》，《自然科學史研究》，1991，第 10 卷第 3 期，第 201～210 頁。

66. 袁運開撰：《沈括的自然科學成就與他的科學思想》，《船史研究》，1997，第 11、12 合期，第 171～192 頁。

67. 張豈之、董英哲撰：《宋時理學與自然科學》，《人文雜誌》，1989，第 4 期，第 58、66～74 頁。

68. 張相輪撰：《中國古代科學的認識模式》，《自然辨證法研究》，1994，第 10 卷第 6 期，第 9～16 頁。

69. 張永堂撰：《方以智與西學》，《中國古代哲學思想論集》，臺北：牧童出版社，1987，第 頁。

70. 鐘鳴旦撰：《「格物窮理」17 世紀西方耶穌會士與中國學者間的討論》，載魏若望編：《南懷仁》，北京：社會科學文獻出版社，2001，第 454～479 頁。

71. 周瀚光撰：《中國古代科學方法的基本模式及其現代意義》，《華東師範大學學報》（哲學社會科學版），1992，第 6 期，第 10～15 頁。

72. 周一謀撰：《李時珍的科學態度》，收錄於中國藥學會藥學史學會編：《李時珍研究論文集——紀念李時珍逝世三百九十週年》，武漢：湖北科學技術出版社，1985。

73. 朱發建撰：《清末國人科學觀的演化——從「格致」到「科學」的詞義考辨》，《湖南師範大學社會科學學報》第 32 卷第 4 期，2003，第 79～82 頁。

74. 諸葛計撰：《宋慈及其《洗冤集錄》》，《歷史研究》，1979，第 4 期，第 87～94 頁。

（二）西文論文

1. Cullen, Christopher, "The Science / Technology Interface in Seventeenth-Century China: Song Yingxing on qi and the wuxing," Bulletin of the School of Oriental and African Studies 53, no. 2, 1990. 古克禮：《17世紀中國的科技界：宋應星關於「氣」和「五行」的論述》。

2. Fan, Fa-ti, "Hybrid Discourse and Textual Practice: Sinology and Natural History in the Ninteenth Century," *Historia Scientiarum* 38, 2000. 范發迪：《演說和文本實踐的雜交：19世紀的漢學與自然歷史》。

3. Hymes, Robert, "Not Quite Gentlemen? Doctors in Sung and Yuan," Chinese Science 7 (1986) 韓明士：《並非徹底的士人？宋元時代的醫生》。

4. Jami, Catherine, "Imperial Control and Western Learning: The Kangxi Emperor's Performance," Late Imperial China 23, no. 1 (Jane 2002) 詹嘉玲：《帝國控制和西學：康熙帝的作為》。

5. Pan, Jixing, "The Spread of Georgius Agricola's De Re Metallica in Late Ming China," T'oung Pao 57 (1991) 潘吉星：《格奧爾格‧阿格里柯拉《坤輿格致》在晚明的傳播》。

6. Peterson, Willard, "Western Natural Philosophy Published in Late Ming China," Proceedings of the American Philosophical Society 117, no. 4 (August 1973) 威拉德‧彼得生：《晚明西方自然哲學的出版》。

7. Reynolds, David,"Re-Drawing China's Intellectual Map: Nineteenth-Century Chinese Images of Science," *Late Imperial China* 12, no. 1 (June 1991) 大衛‧雷諾茲：《重繪中國知識地圖：19世紀中國人對科學的印象》。

8. Siu, Man-Keung and Volkov, Alexei, "Official Curriculum in Traditional Chinese Mathematics: How Did Candidates Pass the Examinations?" *Historia Scientiarum* 9, no. 1 (1999) 蕭文強、琅元：《傳統中國數學的官方課程：投考者如何通過考試？》。

9. Sivin, Nathan, "Copernicus in China," in Sivin, Science in Ancient China: Researches and Reflections (Brookfield, Vt.: Variorium, 1995) 席文：《哥白尼在中國》，載席文：《中國古代的科學：研究與反思》。

10. Sivin, Nathan, "On the Limits of Empirical Knowledge in the Traditional Chinese Sciences," in Fraser, J. T. Lawrence, N. and Haber, F. C. eds., *Time, Science and Society in China and the West*, Amherst: University of Massachusetts Press, 1986. 席文：《中國傳統科學中經驗知識的局限性》，載弗雷澤、勞倫斯、哈伯編：《中國與西方的時間、科學和社會》。

11. Standaert, Nicolas, "The Investigation of Things and the Fathoming of Principles (Gewuqiongli) in the Seventeenth-Century Contact Between Jesuits and Chinese Scholars," in John W. Witek ed., *Ferdinand Verbiest (1622~1688): Jesuit Missionary, Scientists, Engineer and Diplomat*, Nettetal, Ger. : Steyler Verlag, 1994. 鍾鳴旦：《17世紀耶穌會士與中國學者交往中

的格物窮理》，載魏若望編：《南懷仁（1622～1688）：耶穌會傳教士、科學家、工程師、外交官》。

12. Standaert, Nicolas. "The Classification of Sciences and the Jesuit Mission in Late Ming China," in Meyer, Jan de and Engelfriet, Peter eds., *Linked Faiths: Essays on Chinese Religions and Traditional Culture in Honor of Kristofer Schipper*, Leiden, Neth.: E. J. Brill, 2000. 鍾鳴旦：《科學分類和晚明耶穌會使團》，載參約翰、安國風編：《相連的信仰：中國宗教和傳統文化——紀念施舟人論文集》。

13. Tsien, Tsuen-hsuin, "Western Impact on China through Translation," *Far Eastern Quarterly* 13 (1954) 錢存訓：《從翻譯看西方對中國的衝擊》。

14. Wardy, Robert, Aristotle in China: Language, Categories and Translation, Cambridge, Eng.: Cambridge University Press, 2000. 羅伯特・沃迪：《亞里士多德在中國：語言、範疇和翻譯》。

15. Wright, David, "Tan Sitong and the Ether Reconsidered," *Buttetin of the School of Oriental and African Studies* 57 (1994) 大衛・懷特：《譚嗣同及其對以太的重新思考》。

16. Wright, David, "The Translation of Modern Western Science in Nineteenth-Century China, 1840~1895," *Isis* 89 (1998) 大衛・懷特：《19 世紀中國對西方科學的翻譯，1840～1895》。

17. Zhang, Qiong, "Demystifying Qi: The Politics of Cultural Translation and Interpretation in the Early Jesuit Mission to China," in Liu, Lydia ed., *Tokens of Exchange: The Problem of Translation in Global Circulation*, Durham, N. C.: Duke University Press, 1999. 張瓊（音）：《揭開「氣」的神秘外衣：早期來華耶穌會使團中文話翻譯詮釋的政治》，載劉禾編：《交換的符碼：全球流通中的翻譯問題》。

致　謝

　　我感謝所有因爲這份論文而結識的諸多師友。他們與我爲友實屬我幸，儘管他們十分倒楣。點滴之恩，日後必當湧泉以謝。

　　這份論文若無由健、許芝萍，和楊可三位小友最初的協助，只怕直接胎死腹中。由健師弟是最早的苦主，爲了向我請教論文寫作之道，受我奴役兩月有餘去圖書館翻找數據，他出色的能力使我得以瞭解本文所需的最基礎的史料和版本信息。接替的苦主是許芝萍與楊可兩位單純可愛的學妹與師弟。他們分別在北京與臺北完美補齊了剩餘的大量工作，爲我搜集到絕大部分需要使用的各類文獻，使我得以展開實質的論文撰寫。沒有上述三位學弟妹天眞無邪的協助，我無從開始。

　　四年的寫作足以讓小飛俠彼得潘變身爲衰老的虎克船長。這段期間我經歷到學業、創業和計劃成家，蠟燭三頭燒的巨大痛苦。漫長且永無止盡的寫作歲月耗盡了所有人包含我自己對於我的期望，本文的寫作一度無期限地停擺。然而在最後半年的時光，是老媽、張文修，龍緣之，和魏燕爾四位溫柔堅毅的女性給予我極大的支持，使我在令人驚歎的時限內完成論文主文的寫作，畢業的曙光得以浮現。老媽爲我上窮碧落下黃泉，動手動腳找資料，以其 40 年前師大歷史系給予她的紮實功底補入大量無可名狀的珍稀人物與文獻資料。張文修女士作爲我的親密戰友，儘管公務繁忙，仍無休止地督促我寫論文，並悉心且效率驚人地爲我在圖書館內翻找到最終缺失的史料，讓我走完論文撰寫的最後一里路。龍緣之學妹日以繼夜地將這份論文由繁體字轉換爲簡體字版本，並悉心校對，協助我完成清華大學研究生院莫名其妙的論文規範。魏燕爾同學則於極其有限的時間內完成這份論文的最終格式調整。有

道是：一個成功的男人背後注定有一個默默付出的女人，我僅將後半句修正爲一卡車默默付出的女人們，以此感謝她們爲此付出的心血。

　　我的兩位導師劉兵師與國剛師是我最爲感謝的老師。當我爲論文方向堅持不已時，國剛師極爲貼心地爲我協調，將我託付給劉兵師繼續完成自己心愛的研究，其胸襟與氣度是留給我爲人處事的路上明燈。劉兵師在我困頓之際接納了我，在三年之中給予我莫大的鼓勵與協助，待我爲己出。這份論文經由他的指導添入許多哲學成份。謹將這份論文獻給所有協助它誕生的人們，並致上我肺腑中的謝意。

2015 年 4 月 12 日

北京湖石・小辦公室